Hans-Dieter Anders
Kunibert Schwarz

Modelle zur Ermittlung eines optimalen Verhältnisses von Akkumulation und Konsumtion

Akademie-Verlag · Berlin

In den Forschungsberichten des Zentralinstituts für Wirtschaftswissenschaften werden die jeweils neuesten Arbeitsergebnisse zu aktuellen Problemen der politischen Ökonomie des Sozialismus sowie zur Auseinandersetzung mit der heutigen bürgerlichen Ökonomie veröffentlicht. Die Forschungsberichte sollen nicht nur über neue Forschungen informieren; sie sollen vor allem zur Diskussion über die zielgerichtete Fortführung der Arbeiten anregen.

Der Herausgeber

Modelle zur Ermittlung eines optimalen Verhältnisses von Akkumulation und Konsumtion

Forschungsberichte

herausgegeben von dem
Zentralinstitut für Wirtschaftswissenschaften
der Akademie der Wissenschaften der DDR,
Direktor Prof. Dr. habil. Wolfgang Heinrichs

Nr. 19

HANS-DIETER ANDERS
KUNIBERT SCHWARZ

Modelle zur Ermittlung eines optimalen Verhältnisses von Akkumulation und Konsumtion

THEORIA CUM PRAXI

AKADEMIE-VERLAG · BERLIN 1976

Autoren:
Dr. Hans-Dieter Anders
Dr. Kunibert Schwarz
unter Mitarbeit von:
Dr. Helmut Steckler
Dr. Peter Trettin

Wissenschaftlicher Redakteur:
Dr. Walburga Wicke

Erschienen im Akademie-Verlag, 108 Berlin, Leipziger Str. 3—4

Lizenznummer: 202 · 100/46/76
Gesamtherstellung: VEB Druckerei „Thomas Müntzer",
582 Bad Langensalza
Bestellnummer: 753 188 8 (2163/19) · LSV 0345
Printed in GDR
DDR 5,— M

Inhaltsverzeichnis

1. Einleitung

Die Aufteilung des Nationaleinkommens (Endprodukts) auf den Akkumulations- (Bruttoinvestitions-) und Konsumtionsfonds stellt zweifellos eine der wichtigsten wirtschaftspolitischen Entscheidungen dar, die die sozialistische Gesellschaft in jedem Planjahr zu treffen hat. Die Entwicklung des gesellschaftlichen Reichtums und des Lebensstandards hängt entscheidend davon ab, wieviel Mittel mit welcher Effektivität für die Erweiterung beziehungsweise Modernisierung der Produktionsfonds und die laufende Konsumtion ausgegeben werden. Je größer dabei der Anteil der produktiven Investitionen am verfügbaren Nationaleinkommen ist, um so geringer sind die Möglichkeiten für eine Anhebung der Konsumtion in jeder gegebenen Periode. Das ist die eine Seite des über den sozialistischen Akkumulationsprozeß zu lösenden Widerspruchs zwischen Produktion und Konsumtion. Die andere, kompliziertere, ergibt sich daraus, daß höhere Aufwendungen, beispielsweise für den Ausbau der Energie- und Rohstoffbasis, nicht nur einen Abzug von der laufenden Konsumtion bedeuten. Sie schaffen vielmehr, und darin besteht die soziale Funktion der Akkumulation im Sozialismus, auch die notwendigen Voraussetzungen für eine bessere Befriedigung der materiellen und kulturellen Bedürfnisse der Bevölkerung in der Zukunft. Es ist also vor allem die Dialektik zwischen kurz- und langfristigen Interessen der Gesellschaft, die es neben den vielfältigen inneren und äußeren Entwicklungsbedingungen bei der Entscheidung für eine bestimmte Rate der produktiven Akkumulation zu berücksichtigen gilt.

Das Ziel der Akkumulation besteht im Sozialismus, bedingt durch das gesellschaftliche Eigentum an Produktionsmitteln, in der schrittweisen Lösung der sozialistischen Produktionsaufgaben. Dazu bedarf es, wie bereits ausgeführt, in erster Linie und vor allem der Schaffung materiell-stofflicher Voraussetzungen für das weitere Produktionswachstum. Mit welchem Effekt und in welchem Tempo diese Akkumulationsmittel wirksam werden, hängt jedoch unter den Bedingungen der vorwiegend intensiv erweiterten Reproduktion in zunehmendem Maße vom reibungslosen Funktionieren aller Elemente und Faktoren des Reproduktionsprozesses ab. Ohne ausreichenden wissenschaftlich-technischen Vorlauf, ohne entsprechende Vorbereitung der notwendigen Kader ist es heute unmöglich, die jeweiligen Investitionsvorhaben so abzuschließen, daß der geplante Effektivitätszuwachs erreicht wird. Diese objektiv existierenden und im Zuge der wissenschaftlich-technischen Revolution immer enger werdenden Zusammenhänge zwischen der Akkumulation der Produktionsfonds und den Aufwendungen für Wissenschaft und Bildung sind deshalb immanenter Bestandteil der Planung und Leitung des Akkumulationsprozesses.[1]

Von entscheidendem Einfluß auf die Rate der produktiven Akkumulation ist der erreichte Reifegrad der sozialistischen Gesellschaft. Unter diesem Aspekt müssen alle jene neuen Erfordernisse sorgfältig analysiert und in die Entscheidungsfindung einbezogen werden, die in der DDR in den letzten Jahren bei der planmäßigen Erfüllung der Hauptaufgabe aufgetreten sind und die, auch perspektivisch gesehen, dazu zwingen, „den Intensivierungsprozeß in unserer Ökonomie entscheidend zu vertiefen und damit eine spürbar höhere Effektivität der Arbeit zu sichern“[2]. Hier ist vor allem an die Verschlechterung der Gewinnungsbedingungen für wichtige Rohstoffe und Energieträger zu denken, an die in vielen Zweigen mit dem technischen Fortschritt wachsenden spezifischen Investitionskosten, an den Investitionsnachholebedarf in verschiedenen Zweigen der materiellen Dienste (Verkehrs- und Nachrichtenwesen, Handel, Kommunalwirtschaft) sowie an die sehr aufwendigen Maßnahmen zum Umweltschutz. Bezogen auf die Akkumulationspolitik bedeutet das, daß einerseits immer mehr und für immer längere Zeiträume im voraus Ressourcen benötigt werden, um gemeinsam mit anderen RGW-Staaten die Potentiale zu schaffen, die für eine langfristig stabile ökonomische und soziale Entwicklung notwendig sind. Andererseits tritt im Zuge der Verwirklichung des sozialpolitischen Programms des VIII. Parteitages immer deutlicher die Notwendigkeit hervor, in jeder Entwicklungsetappe einen Teil der erwirtschafteten Mittel zur weiteren Erhöhung des materiellen und kulturellen Lebensniveaus der Werktätigen und damit zur Schaffung von Bedingungen für die allseitige Entwicklung der Persönlichkeit, „die selbst wieder als

Tabelle 1
Entwicklung der Akkumulationsrate in ausgewählten sozialistischen Ländern von 1955 bis 1974

	1955	1960	1965	1970	1974
VRB	18,9	27,4	28,4	29,2	30,8
ČSSR	19,8	17,7	9,2	27,0	28,6
DDR	9,8	18,1	19,9	24,0	22,6
VRP	—	24,2	26,8	27,9	37,3
UdSSR	25,7	26,8	26,3	29,5	28,0
UVR	20,7	23,1	19,3	27,2	30,2

Quelle: Statistisches Jahrbuch der DDR 1976, Berlin 1976, S. 4.

Tabelle 2

Entwicklung der Investitionsstruktur der DDR nach ausgewählten Wirtschaftsbereichen und Zweigen 1960 bis 1974 (in Millionen Mark)

	1960		1965		1970		1974		1974:1960	
	absolut	Anteil	absolut	Anteil	absolut	Anteil	absolut	Anteil	absolut	Anteil
Produzierende Bereiche	12618	78,4	17398	84,9	27412	83,6	31630	81,9	2,51	1,04
darunter:										
Industrie	8003	63,4	11291	64,9	17074	62,3	20300	64,2	2,54	1,01
darunter:										
Energie- und Brennstoffindustrie	3081	38,5	3609	32,0	3328	19,5	5330	26,3	1,73	0,68
Chemische Industrie	1461	18,3	2487	22,0	3619	21,2	3760	18,5	2,57	1,01
Metallurgie	451	5,6	825	7,3	740	4,3	1120	5,5	2,48	0,98
Leichtindustrie	722	9,0	793	7,0	1923	11,3	2710	13,3	3,75	1,48
Bauwirtschaft	423	3,4	408	2,3	1063	3,9	930	2,9	2,20	0,85
Land- und Forstwirtschaft	1929	15,3	2768	15,9	4348	15,9	4800	15,2	2,49	0,99
Verkehr, Post- und Fernmeldewesen	1723	13,7	1951	11,2	2873	10,5	3670	11,6	2,13	0,85
Nichtproduzierende Bereiche	3478	21,6	3091	15,1	5385	16,4	6970	18,1	2,00	0,84
darunter:										
Wohnungsbau	1911	54,9	1596	51,6	1888	35,1	2970	42,6	1,55	0,78
Kulturelle und soziale Einrichtungen	565	16,2	639	20,7	1306	24,3	1833	26,3	3,24	1,62

Quelle: Statistisches Jahrbuch der DDR 1975, Berlin 1975, S. 41—43.

die größte Produktivkraft zurückwirkt auf die Produktivkraft der Arbeit"[3], einzusetzen. Dabei sind die wachsenden Anforderungen an die Akkumulationskraft mit weitreichenden Veränderungen in der Akkumulations- und Investitionsstruktur verbunden (vgl. Tabellen 1 und 2).

In letzter Zeit sind nun eine Reihe von Arbeiten erschienen, deren Ziel darin besteht, einen Beitrag zur Objektivierung dieses Aufteilungsverhältnisses zu leisten. In der vorliegenden Arbeit werden dazu verschiedene Methoden und ökonomisch-mathematische Modelle verwendet. Etwas vereinfacht könnte man Strukturmodelle, ökonometrische Modelle und hochaggregierte Funktionalmodelle unterscheiden. Dabei erhebt sich natürlich die Frage, inwieweit die einzelnen Modelltypen tatsächlich Aussagen über die optimale Gestaltung der Beziehungen zwischen Produktion, Akkumulation und Konsumtion zu liefern vermögen. Die Antwort darauf hängt vor allem davon ab, in welchem Maße und wie die wichtigsten politökonomischen Bestimmungskomponenten der optimalen Akkumulationsrate abgebildet sind.

Strukturmodelle, darunter werden hier dynamische Optimierungs- und Verflechtungsmodelle zusammengefaßt, dienten zur Gewinnung von Informationen über die rationelle Verteilung und Nutzung der disponiblen gesellschaftlichen Arbeit. Das setzt die Erfassung der wichtigsten Gesetzmäßigkeiten innerhalb des gesellschaftlichen Reproduktionsprozesses einschließlich der komplizierten volkswirtschaftlichen Verflechtungen voraus. Mit ihrer Hilfe ist es möglich, und das ist ein Vorteil gegenüber anderen Modelltypen, wesentliche über die Investitionen vermittelte Wechselbeziehungen zwischen der Intensivierung der Produktion und der sozialistischen Zielrealisierung sichtbar zu machen. So erscheinen die produktiven Investitionen gemäß ihrer tatsächlichen Rolle im Reproduktionsprozeß einmal als Ergebnis der Produktion bestimmter Zweige und zum anderen über die effektive Gestaltung volkswirtschaftlicher Proportionen als Mittel für die Befriedigung der ständig wachsenden Bedürfnisse der Menschen in der Zukunft. Entscheidend für ihre Wirkung ist hierbei nicht nur ihr Umfang, sondern auch ihre Zusammensetzung. Da auch andere Kennziffern mehr oder weniger desaggregiert auftreten, kann die Entwicklung volkswirtschaftlicher Größen, wie Nationaleinkommen, Akkumulations- beziehungsweise Konsumtionsfonds, aus Prozessen abgeleitet werden, die in der Produktion in allen Teilen und Bereichen ablaufen und die vor allem durch Veränderungen in der Bedürfnisstruktur und die Dynamik des wissenschaftlich-technischen Fortschritts bestimmt sind. Ein solches Herangehen ist offensichtlich wesentlich realistischer als die Ableitung der entsprechenden Größen allein aus makroökonomischen Relationen.

Allerdings wirft die Erarbeitung und praktische Anwendung von Strukturmodellen zum gegenwärtigen Zeitpunkt eine Reihe von politökonomischen und modelltheoretischen Problemen auf, deren Lösung größtenteils noch aussteht. Das betrifft vor allem die Notwendigkeit, die Bedürfnisse im umfassenden Sinne zum Ausgangspunkt der Modellrechnungen zu machen, das heißt auch solche Komponenten explizit zu berücksichtigen, die in den üblichen Konsumtionsvektor[4] nicht eingehen. Dazu gehören die Verbesserung der Arbeits- und Lebensbedingungen, die Freizeit, der Umweltschutz, Kunst, Kultur, Sport, also Komponenten, die entscheidend zur allseitigen Entwicklung der sozialistischen Persönlichkeit beitragen. Im Prozeß der Bedürfnisbefriedigung, so wie er hier gefaßt ist, kreuzen sich damit ökonomische, wirtschaftspolitische, soziale und politische Zielstellungen. Diese sind einer direkten Quantifizierung meist schwer zugänglich. So bleibt es zum größten Teil zukünftiger wirtschaftswissenschaftlicher Forschung vorbehalten, allgemeingültige Kriterien für die Vergleichbarmachung und Wichtung individueller und gesellschaftlicher Bedürfnisse, für die Begründung der Reihenfolge der Befriedigung einzelner Bedürfnisse und für die Messung des Grades der Bedürfnisbefriedigung zu erarbeiten. Der in der Planungspraxis und in Modellansätzen oft unternommene Versuch, das gilt nicht nur für Strukturmodelle, diese Probleme ausschließlich oder vorzugsweise durch den Einsatz von Wertkennziffern zu umgehen oder gar zu lösen, ist zu einseitig und wird dem ökonomischen Grundgesetz nicht gerecht. Möglicherweise bietet sich mit dem gesellschaftlichen Nutzen hier ein interessanter Ansatzpunkt.[5] Außerdem müßte die für fast alle Modelle und Modelltypen charakteristische exogene Vorgabe der gesellschaftlichen Bedürfnisse ersetzt werden durch ein modellmäßiges Abbild des dialektischen Wechselverhältnisses von Produktion und Konsumtion. Damit tritt letztlich ein Lernprozeß an diese Stelle, in dem, ausgehend von der gesamtgesellschaftlichen Zielstellung, von wirtschaftspolitischen Erwägungen und von den sich aus dem Modell ergebenden Informationen, die optimale Akkumulationsrate sowie die optimale Verteilung und Nutzung der Akkumulationsmittel ermittelt wird. Strukturmodelle bieten hierfür, bedingt durch die mögliche Detaillierung bei der Abbildung der sozialistischen Ziel-Mittel-Relation, gute Voraussetzungen.

Daneben existiert eine Vielzahl von Problemen, die schwerpunktmäßig einen der beiden Typen des Strukturmodells betreffen. Bei Optimierungsmodellen ist es in erster Linie die Ableitung des sozialistischen Optimalitätskriteriums aus dem ökonomischen Grundgesetz und seine modelltheoretische Realisierung, die modellinterne Berücksichtigung des Außenhandels und der sozialistischen Integration, die Sicherung der Einheit von wert- und gebrauchswertmäßiger Planung sowie die Berücksichtigung der hierarchischen Struktur der Volkswirtschaft. Bei dynamischen Verflechtungsmodellen stehen die Bestimmung des positiven Lösungsbereiches und die Widerspiegelung der Grundfondsreproduktion mit Hilfe von Durchschnittskoeffizienten der Grundfondsintensität im Vordergrund.

Eine etwas andere Auffassung von den Wechselbeziehungen zwischen Produktion, Akkumulation und Konsumtion verkörpern *ökonometrische Modelle.*[6] Hier ist das Produktionsergebnis nicht wie beispielsweise im dynamischen Verflechtungsmodell als lineare limitationale Funktion der produktiven Investitionen beziehungsweise der Grundfonds dargestellt, sondern als substitutionale, meist nichtlineare Produktionsfunktion der eingesetzten Arbeitskräfte *und* Grundfonds. Im ersten Fall handelt es sich darüber hinaus um zweigliche Beziehungen, die durch die Matrix der technologischen Koeffizienten erfaßt werden, im zweiten Fall um Interdependenzen zwischen volkswirtschaftlichen Größen, die durch stochastische und Definitionsgleichungen abgebildet werden. Auf der Basis dieser Gleichungen, deren Parameter mit Hilfe statistischer Methoden zu schätzen sind, liefern ökonometrische Modelle, sofern sie einsektoral angelegt sind, mögliche Varianten über die Aufteilung des Nationaleinkommens auf den Akkumulations- und Konsumtionsfonds. Jede der vorgeschlagenen Varianten, sie werden in der Regel durch Simulation verschiedener Größen (Nationaleinkommen, Arbeitsproduktivität, produktive Investitionen, Konsumtion und andere) ermittelt, zeichnet sich dadurch aus, daß sie eine mehr oder weniger kontinuierliche Konsumtionsentwicklung gewährleistet und im Rahmen der volkswirtschaftlichen Möglichkeiten bleibt. Die Entscheidung für eine bestimmte Akkumulationsrate muß, sofern der Ansatz selbst kein Zielkriterium enthält, außerhalb des Modells getroffen werden.

Inzwischen sind auch Versuche bekannt geworden, durch Übergang zu mehrsektoralen ökonometrischen Modellen die Frage nach der optimalen Akkumulationsrate mit der Suche nach der optimalen Verteilung der Akkumulationsmittel auf ausgewählte Zweige und Bereiche zu verbinden. Dazu bietet sich eine Aufspaltung der Aufkommensbeziehung in mehrere Produktionsfunktionen und eine entsprechende Verbindung zwischen der Akkumulationsentwicklung und der Grundfondsreproduktion in jedem der einbezogenen Sektoren an oder die Einbeziehung einer Verflechtungsbilanz in das ökonometrische Modell. Entsprechende Forschungen befinden sich jedoch in den sozialistischen Ländern noch im Anfangsstadium, wie das „Zweite Internationale Symposium über die Anwendung von Prognosemodellen in der sozialistischen Wirtschaft“ 1974 in Bratislava gezeigt hat.[7]

Unter dem Begriff „*hochaggregierte Funktionalmodelle*“ sind hier solche Modelle zusammengefaßt, die wichtige funktionale Abhängigkeiten zwischen den Wachstumsfaktoren, der Effektivität ihres Einsatzes und dem Wirtschaftswachstum in hochaggregierter Form erfassen. Hierbei bestehen fließende Übergänge zu anderen Modelltypen. So treten relativ oft statistisch zu schätzende makroökonomische Produktionsfunktionen in ein- oder mehrsektoralen dynamischen Modellen auf,[8] während sich, wie noch gezeigt wird, viele hochaggregierte Funktionalmodelle auf das Grundschema der dynamischen Verflechtungsbilanz zurückführen lassen.

Grundlegende Beziehungen und Abhängigkeiten des volkswirtschaftlichen Reproduktionsprozesses in hochaggregierter Form zu erfassen und in einfachen mathematischen Gleichungen abzubilden kennzeichnet seit Marx die Politische Ökonomie. Dabei veränderte sich jeweils in Abhängigkeit von den wirtschaftlichen Aufgabenstellungen der Schwerpunkt der Betrachtung. Die Herausbildung der Reproduktionsschemata durch Marx diente der Beantwortung der Frage, wie sich das Kapital wertmäßig und stofflich realisiert. In diesem Rahmen schuf Marx allgemeine Grundlagen für eine volkswirtschaftliche Gesamtrechnung. Feldman[9] stellte Ende der zwanziger Jahre in der UdSSR die Frage nach der Bestimmung des möglichen Niveaus und der Wachstumstempi der Konsumtion der Bevölkerung in Abhängigkeit von der Struktur der Volkswirtschaft. Hierfür ermittelte er die Wachstumsrate des Nationaleinkommens (Y) mittels der Wachstumsraten der Produktionsfonds (F) und ihrer Effektivität $\left(k = \frac{Y}{F}\right)$ mit

$$r = w_k + w_F$$

und analysierte diese Grundbeziehung in den Abteilungen der gesellschaftlichen Produktion, was den Bedürfnissen der einsetzenden Industrialisierung entsprach. Als Effektivitätskoeffizient fungiert im Modell die Fondsquote des Nationaleinkommens, die von Feldman erstmals in die volkswirtschaftliche Effektivitätstheorie eingeführt wurde.

Bemerkenswert ist, daß Feldman zwar ebenfalls von zwei Abteilungen ausging, diese aber im Unterschied zu Marx danach unterteilte, ob sie Produktionsmittel für die erweiterte Reproduktion produziert (Gruppe E) oder nur zur Aufrechterhaltung der Konsumtion auf dem jeweils gegebenen Niveau dient (Gruppe U). Damit produziert Gruppe U sowohl Produktionsmittel (Ersatz des physischen Verschleißes) als auch Konsumtionsmittel. Sie verfügt daüber hinaus über die „bemerkenswerte Eigenschaft, daß sie unter der Voraussetzung einfacher Reproduktion auch ohne Gruppe E existieren kann“[10]. Wichtige Strukturkennziffern sind die Koeffizienten

$$s_y = \frac{Y_E}{Y_U} \qquad \text{und} \qquad s = \frac{F_E}{F_U},$$

die die Produktionsstruktur und die Struktur der Produktionsfonds zum Ausdruck bringen.

In den Folgejahren und in der jüngsten Vergangenheit waren es ebenfalls vor allem sowjetische Wissenschaftler, die diese Richtung weiter vorantrieben und immer wieder mehr oder weniger direkt die Frage nach der Methodik zur Bestimmung einer optimalen Akkumulationsrate im Sozialismus aufwarfen. Stellvertretend für viele andere seien hier Strumilin, Notkin, Val'tuch, Dadajan, Bagrinovskij, Michalevskij, Sanegin, Grebennikov und Nemčinov genannt. Die Mehrzahl dieser Autoren entwickelte spezielle hochaggregierte ökonomisch-mathematische Modelle und versuchte, auf diese Art und Weise wesentliche

Voraussetzungen und Bedingungen für eine langfristige optimale Nationaleinkommensentwicklung aufzudecken. Andere wieder, wie Strumilin und Notkin, die sich schon seit Jahrzehnten mit dem Problem der optimalen Gestaltung grundlegender volkswirtschaftlicher Proportionen im Rahmen der marxistischen Reproduktionstheorie auseinandersetzen, formulierten Zahlenmodelle in verschiedenen numerischen Varianten.[11] Die Unterschiede im Herangehen sind zum großen Teil formaler Natur, denn die Originalmodelle lassen sich ohne größere Schwierigkeiten in analoge mathematische (algebraische) Modelle überführen. Trotzdem kann eine solche Transformation durchaus sinnvoll sein, wenn beispielsweise einzelne Modelle nach einer einheitlichen Methodik verglichen werden sollen oder wenn es um die Analyse der Lösungseigenschaften geht. Dazu kommt, daß mathematische Modelle allgemeiner sind, man also hier einige vereinfachende Prämissen des Zahlenmodells fallen lassen kann, ohne den Ansatz dabei grundsätzlich zu verändern. Entsprechende Algebraisierungsversuche wurden deshalb bereits mehrfach unternommen. Am bekanntesten sind wohl diejenigen von Nemčinov[12] für das Strumilin-Modell und von Archangel'ski sowie Konoplickij[13] für das Modell von Notkin.

Auch in der bürgerlichen Literatur spielen hochaggregierte Modelle eine bedeutende Rolle. Den Autoren geht es dabei um die Aufdeckung der entscheidenden Wachstumsfaktoren, um die Erforschung ihres Zusammenwirkens und, darin besteht ihr eigentliches Ziel, um die Ableitung entsprechender Schlußfolgerungen für ein stabiles, störungsfreies sowie zum Teil auch optimales ökonomisches Wachstum. Ein solches Herangehen ist unter den Bedingungen privaten Eigentums an Produktionsmitteln natürlich völlig unrealistisch und irreführend. In der marxistischen Literatur wurde deshalb gerade in diesem Zusammenhang[14] wiederholt darauf verwiesen, daß der kapitalistische Produktionsprozeß seinem Wesen nach ein zyklischer Prozeß ist, der sich nur momentan und zufällig im Zustand des Gleichgewichts befindet. Wenn von bürgerlichen Wachstumstheoretikern immer wieder andere Gesetzmäßigkeiten abgeleitet werden, liegt das vor allem an der abstrakten Formulierung der Modelle, an der Ignorierung tatsächlicher sozialökonomischer Zusammenhänge und an der unzulässigen Verallgemeinerung der Modellergebnisse. Nichtsdestoweniger haben die entsprechenden Modelle einen gewissen Erkenntniswert, enthalten sie doch oft funktionale Abhängigkeiten, die einige allgemeine Beziehungen innerhalb des volkswirtschaftlichen Reproduktionsprozesses beschreiben

Als Beispiel kann das bekannte Modell von Harrod[15] dienen. Harrod geht davon aus, daß die ökonomische Entwicklung weitgehend von den produktiven Investitionen abhängt:

$$n = \frac{a}{k}.$$

Dabei bedeuten:
n – Wachstumstempo,
a – Akkumulationsrate,
k – Kapitalkoeffizient.

In Anlehnung an die Keynessche Identität von Sparen und Investieren wird die Akkumulationsrate sodann durch die Sparquote ersetzt, so daß sich die Entwicklung des Nationaleinkommens letztlich aus der Sparquote und dem Kapitalkoeffizienten erklärt. Wenn nun diese Gleichung für einen längeren Zeitabschnitt erfüllt ist, bezeichnet Harrod n als „garantierte" Gleichgewichtsrate. Daneben gibt es noch die „natürliche" Wachstumsrate, bei der die vorhandenen Ressourcen maximal ausgelastet sind. Durch das Zusammenspiel dieser beiden Größen soll eine Möglichkeit geschaffen werden, neben den Investitionen, wenigstens implizit, auch andere Produktionsfaktoren in die Modellrechnungen einzubeziehen.

Inwieweit sind hochaggregierte Funktionalmodelle nun in der Lage, Aussagen über die optimale Akkumulationspolitik im Sozialismus zu liefern? Bedingt durch ihre allgemeinen Merkmale, wie die Erfassung wichtiger Beziehungen des volkswirtschaftlichen Reproduktionsprozesses in globalen hochaggregierten Kennziffern, ist ein wesentlicher Vorteil solcher Modelle darin zu sehen, daß sie praktische Rechnungen bei geringstem Aufwand an Rechentechnik und Information ermöglichen. Diese Handhabbarkeit wird jedoch durch bedeutende Aussageverluste erkauft, die sich vor allem in fehlenden beziehungsweise ungenügenden Informationen über die wert- und gebrauchswertmäßige Struktur des errechneten Nationaleinkommens und seiner Bestandteile äußern. Es scheint daher sinnvoll, hochaggregierte Steuermodelle in ein System aufeinander abgestimmter Modelle zu integrieren, wobei die mit ihrer Hilfe ermittelten Orientierungen über die Akkumulations- und Konsumtionsentwicklung Eingangsgrößen für die anderen Modelle darstellen. Anhand des Ansatzes von Val'tuch wird gezeigt, wie sich ein solches Herangehen auf die Ergebnisse der Modellrechnungen auswirkt und welche ökonomischen und mathematischen Probleme diese Art von Modellkopplung gegenwärtig noch aufwirft.[16]

Im Modellsystem, aber auch im hochaggregierten Funktionalmodell, müssen neben den allgemeinen Gesetzmäßigkeiten des Reproduktionsprozesses die sich aus dem erreichten Entwicklungsstand der sozialistischen Gesellschaft ergebenden spezifischen Erfordernisse des ökonomischen Wachstums erfaßt werden. Dazu gehört, daß die bei Feldman angesichts eines relativ großen Arbeitskräfteüberschusses in der UdSSR noch gerechtfertigte einseitige Ausrichtung der Modelle auf den einmaligen Aufwand, die Investitionen und die Grundfonds, überwunden wird. Der Übergang zur vorwiegend intensiv erweiterten Reproduktion und die in allen sozialistischen Ländern bestehende Notwendigkeit, die Effektivität der gesellschaftlichen Produktion zu erhöhen, erfordern auch die Einbeziehung der Arbeitskräfte einschließlich ihrer Produktivität und, soweit möglich, die Berücksichtigung der Wechselbeziehungen zwischen der Entwicklung des vorgeschossenen Aufwands und des laufenden Aufwands an lebendiger und vergegenständlichter Arbeit je Einheit Nationaleinkommen beziehungsweise Endprodukt.

Das Ziel der vorliegenden Arbeit besteht darin, anhand einiger repräsentativer Ansätze aus der DDR und der UdSSR die grundlegenden ökonomischen Prämissen aufzuzeigen, die in dieser oder jener Form beinahe allen hochaggregierten Modellen zur Ermittlung einer optimalen Akkumulationsrate zugrunde liegen. Die Ausführungen beschränken sich dabei auf die einsektoralen Modelle von Borngräber, Dadajan und Bagrinovskij, auf die Modellkonzeption von Val'tuch und auf das dreisektorale Modell von Biersack. Aus der Analyse der diesen Modellen zugrunde liegenden Prämissen, aber auch aus den Ergebnissen umfangreicher experimenteller Rechnungen leitet sich dann ab, inwieweit der von den entsprechenden Autoren erhobene Anspruch, einen Beitrag zur Bestimmung des optimalen Aufteilungsverhältnisses des Nationaleinkommens auf die Hauptverwendungspositionen Akkumulation und Konsumtion zu leisten, gerechtfertigt ist. Die Grundlage der Berechnungen bildete ein eigenes für diese Zwecke entwickeltes einsektorales Optimalsteuermodell in verschiedenen Varianten (M 1 und M 3).

Bei der Untersuchung und beim Vergleich der Lösungseigenschaften der Modelle M 1 einerseits und M 2 und M 3 andererseits bestätigt sich die bereits aus politökonomischer Sicht getroffene Feststellung, daß ohne Berücksichtigung der Arbeitskräfte keine sinnvollen Ergebnisse für den Typ der intensiv erweiterten Reproduktion zu erwarten sind.[17] In der vorliegenden Arbeit wird gezeigt, daß die Lösung in diesem Fall immer an den Grenzen des Steuerbereichs liegt. Alle Versuche, beispielsweise durch Einschränkung des Bereichs der zulässigen Steuerung und durch Vorgabe eines bestimmten Funktionstyps für die Steuerung den Modelltyp zu „verbessern", vermögen daran nichts zu ändern.

In den Abschnitten 3.3. und 3.4. werden zwei Modelle vorgestellt, die diesen Mangel überwinden und über Magistraleigenschaften verfügen. Die Unterschiede zwischen ihnen liegen vor allem in der Aufkommensbeziehung: Modell M 2 enthält eine linear-homogene Cobb-Douglas-Produktionsfunktion, im Modell M 3 wird der Endproduktzuwachs dagegen in getrennten Definitionsgleichungen aus der Arbeitskräfte- und Grundfondsentwicklung und aus der durchschnittlichen Arbeitsproduktivität beziehungsweise Grundfondseffektivität abgeleitet. Darüber hinaus erfolgte im Modell M 3 der Versuch, einige Wirkungen des wissenschaftlich-technischen Fortschritts endogen zu erfassen, indem die Steigerung der Arbeitsproduktivität in Abhängigkeit vom Unfang der neueingeführten Grundfonds gesetzt wurde.

Experimentelle Rechnungen erfolgten vor allem mit dem Modell zur optimalen Steuerung der Arbeitsproduktivität (M 3). In der Arbeit wird ein Algorithmus zur Lösung dieses Modells angegeben, einschließlich der Formeln für die Ermittlung der magistralen Trajektorien und der optimalen Anfangs- und Endsteuerung.

2. Hochaggregierte Modelle zur Ermittlung einer optimalen Akkumulationsrate

2.1. Das Grundschema am Beispiel der einsektoralen Modelle

Allen bisher bekannt gewordenen hochaggregierten Modellen liegen in dieser oder jener Form folgende sehr vereinfachte Vorstellungen über die gegenseitige Abhängigkeit volkswirtschaftlicher Hauptkennziffern und eine mögliche Steuerung der volkswirtschaftlichen Entwicklung zugrunde (vgl. Abbildung 1).

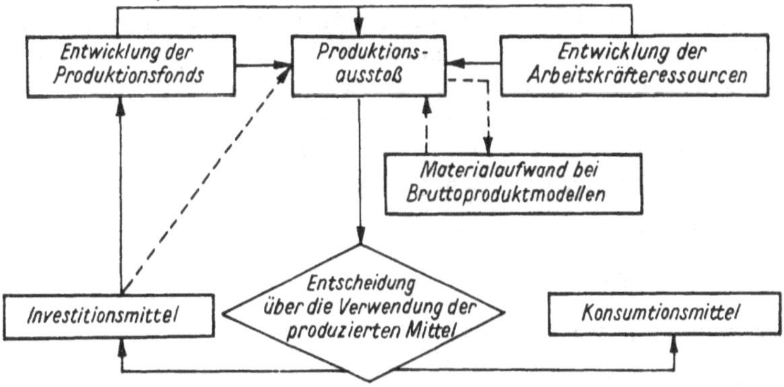

Abbildung 1: Gegenseitige Abhängigkeit volkswirtschaftlicher Hauptkennziffern (vereinfachtes Schema)

Die mit Pfeilen gekennzeichneten gerichteten Abhängigkeiten zwischen den Blöcken werden in den Modellen durch Gleichungen beschrieben. Als Produktionsausstoß fungiert entweder das Nationaleinkommen (N), das Endprodukt (W) oder das Bruttoprodukt (B).

Die Entscheidung über die Verwendung der produzierten Mittel als Konsumtionsmittel (C) oder Investitionsmittel (Bruttoinvestitionen (I^B) bei Endproduktmodellen, Erweiterungsinvestitionen (I^N) bei Nationaleinkommensmodellen) wird als der eigentliche Steuervorgang betrachtet. Das findet seinen Niederschlag beispielsweise in der Verwendungsgleichung für das Nationaleinkommen

$$N(t) = I(t)^N + C(t)$$

beziehungsweise für das Endprodukt

$$W(t) = I(t)^B + C(t).$$

Eine wichtige Rolle spielen in allen Modellen die Investitionen. Dabei gibt es entsprechend Abbildung 1 Unterschiede im Herangehen. Einige Autoren (Dadajan[18], Borngräber[19]) gehen davon aus, daß die Investitionen über eine Vergrößerung der Produktionsfonds (G) das Nationaleinkommen beeinflussen, andere wieder (Borngräber, Bagrinovskij[20]) stellen den Produktions*zuwachs* in den Mittelpunkt und setzen diesen in direkte Abhängigkeit von der Investitionstätigkeit. Die Wirkung der Investitionen wird, da es sich in beiden Fällen um Zuwachsgrößen handelt (Fondszuwachs, Produktionszuwachs), durch Differenzen- oder Differentialgleichungen beschrieben. Mit Hilfe einer Aussonderungsrate μ läßt sich die notwendige Grundfondsaussonderung berücksichtigen.

Vielfältige Probleme wirft in diesem Zusammenhang die Bestimmung und Erfassung der Zeitverzögerung τ für die Investitionen auf. So führt zum Beispiel die Einbeziehung jeglicher Zeitverzögerungen in Differentialgleichungen zu erheblichen mathematischen Schwierigkeiten bei der Lösung der entsprechenden Optimierungsaufgaben. Bei der Verwendung von Differenzengleichungen, durch die die Volkswirtschaft als zeitlich diskretes, mit einem einjährigen Rhythmus arbeitendes System dargestellt wird, gilt das analog für alle Zeitverzögerungen außer einjährigen. Üblich sind folgende Grundfondsbildungsgleichungen bei zeitlich diskreten Modellen (Dadajan, Borngräber)[21]:

$$G_t = G_{t-1} + I^N_{t-\tau},$$

$$G_t = (1 - \mu_t)\, G_{t-1} + I^B_{t-\tau}$$

beziehungsweise bei zeitlich-kontinuierlichen Modellen:

$$G'(t) = I^N(t - \tau),$$

$$G'(t) = I^B(t - \tau) - \mu(t)\, G(t).$$

Die direkte Wirkung der Investitionstätigkeit auf die Produktion kann so abgebildet werden (Borngräber):

$$k_{Nt}(N_t - N_{t-1}) = I^N_{t-\tau}.$$

beziehungsweise

$$k_N(t)\, N'(t) = I^N(t - \tau).$$

Dabei bedeutet:
k_N –. Erweiterungsinvestitionsintensität bezüglich des Nationaleinkommenzuwachses

Entsprechende Varianten sind auch für Endprodukt- und Bruttoproduktmodelle (Bagrinovskij) möglich.

Die Abhängigkeit des Produktionsausstoßes von der Entwicklung der produktiven Grundfonds wird in den meisten der in der UdSSR und der DDR konzipierten Modelle durch den Grundfondseffektivitätskoeffizienten erfaßt (Dadajan, Borngräber):

$$N(t) = e_N(t)\, G(t)\,,$$

$$W(t) = e_W(t)\, G(t)\,.$$

Dabei bedeuten:

e_N, e_W – Grundfondseffektivität bezüglich des Nationaleinkommens beziehungsweise des Endprodukts.

Analog kann man die Abhängigkeit der Produktion von den Arbeitskräfteressourcen im produzierenden Bereich (L) mit Hilfe des Koeffizienten der Arbeitsproduktivität beschreiben.

$$N(t) = l_N(t)\, L(t)\,,$$

$$W(t) = l_W(t)\, L(t)\,.$$

Dabei bedeuten:

l_N, l_W – Arbeitsproduktivität bezüglich des Nationaleinkommens beziehungsweise des Endprodukts.

Beinhaltet das Modell in dieser Form die Abhängigkeit des Produktionsausstoßes sowohl von den Grundfonds als auch von den Arbeitskräfteressourcen, so muß, sollen die Gleichungen des Modells widerspruchsfrei sein, neben der Investitionstätigkeit eine weitere Möglichkeit der Produktionssteuerung zugelassen werden, etwa die Höhe der Grundfondsaussonderung (variierbares μ), die Veränderung der Grundfondseffektivität e oder der Arbeitsproduktivität l. Ein Beispiel für ein Modell, in dem sowohl Grundfonds und Grundfondseffektivität als auch Arbeitskräfte und Arbeitsproduktivität erfaßt sind und in dem die Aussonderungsrate μ eine endogene Größe ist, wird in Abschnitt 3.4. erläutert. In vielen Modellen fehlen jedoch Arbeitskräfteressourcen und damit auch die Arbeitsproduktivität als eine der wichtigsten Effektivitätskennziffern. Auf die Unzulänglichkeiten solcher Modelle wird in Abschnitt 3.1. verwiesen.

Die Abhängigkeit der Produktionsentwicklung von den Grundfonds und den Arbeitskräfteressourcen läßt sich auch mit Hilfe von multiplen Produktionsfunktionen beschreiben, wobei man von der Voraussetzung ausgeht, daß produktive Grundfonds und Arbeitskräfte im produzierenden Bereich untereinander substituierbar sind. Relativ gute Erfahrungen wurden bisher vor allem mit verschiedenen Varianten der Cobb-Douglas-Funktion gesammelt:

$$N(t) = k(t)\, G(t)^{\alpha}\, L(t)^{\beta}\,.$$

Durch die zeitabhängige Veränderung des Faktors $k(t)$ und durch eine entsprechende Spezifizierung der Variablen können bestimmte Aspekte des wissenschaftlich-technischen Fortschritts erfaßt werden. Noch allgemeinere substitutionale Produktionsfunktionen stellen die sogenannten CES-Funktionen dar. Denkbar ist auch eine einfach additive Produktionsfunktion:

$$N(t) = a(t)\,G(t) + b(t)\,L(t)\,.$$

Produktionsfunktionen dieser Art werden hauptsächlich von bürgerlichen Autoren verwendet.[22] Es bleibt zu überlegen, ob nicht auch in den sozialistischen Ländern verstärkt Versuche unternommen werden sollten, bei der Weiterentwicklung der hochaggregierten Funktionalmodelle die Möglichkeiten zu nutzen, die makroökonomische Produktionsfunktionen zur Erfassung der Substitution lebendiger durch vergegenständlichte Arbeit bieten.

Die bisher betrachteten Gleichungssysteme können dazu benutzt werden, verschiedene Varianten der Aufteilung des Nationaleinkommens auf Akkumulation und Konsumtion zu berechnen. Sie haben damit als Simulationsmodelle eine gewisse eigenständige Bedeutung. Beim Übergang zu *Optimal*steuermodellen erhebt sich zusätzlich die Frage nach der Zielfunktion. In Anlehnung an das ökonomische Grundgesetz des Sozialismus wird für diesen Modelltyp gewöhnlich eine Maximierung der verallgemeinerten Konsumtion (individuelle und gesellschaftliche Konsumtion, Entwicklung nichtproduzierender Bereiche) angestrebt. Entsprechend definiert man als Zielfunktion die kumulative (diskontierte) Konsumtion, die über einen vorgegebenen Zeithorizont T zu maximieren ist:

$$\sum_{t=t_0}^{T} Q(t)\,C_t - \max$$

beziehungsweise

$$\int_{t=t_0}^{T} Q(t)\,C(t)\,dt - \max.$$

Dabei bedeutet:

$Q(t)$ – zeitliche Diskontierungsfunktion (zum Beispiel $Q(t) = q^t$).

In der Sowjetunion gibt es Vorschläge zur Verwendung einer gesellschaftlichen Nutzensfunktion.[23]

$$\int_{t=t_0}^{T} Q(t)\,u[C(t)]\,dt - \max\,.$$

Dabei bedeutet:

u – gesellschaftliche Nutzensfunktion $\left(\frac{du}{dC} > 0,\ \frac{d^2u}{dC^2} < 0\right)$.

Neben Gleichungen, die die Beziehungen zwischen hochaggregierten ökonomischen Kennziffern charakterisieren, beinhalten die Modelle in der Regel noch

Ungleichungen, mit deren Hilfe der Variationsbereich für einzelne Modellvariablen vorgegeben wird. Hierdurch wird sichergestellt, daß die Variablen nur Werte innerhalb eines ökonomisch sinnvollen Bereiches annehmen.

Vorgaben erfolgen in der Regel auf bestimmte ökonomische Relationen und Normative, beispielsweise auf die Konsumtionsnorm C/B (Bagrinovskij), auf die Akkumulationsrate I^N/N oder auf die Bruttoinvestitionen I^B/B (Borngräber) oder auf das Verhältnis von Akkumulation zu Konsumtion I^N/C (Dadajan). Für diese Größen werden entweder unmittelbare obere und untere Schranken angegeben (konstante oder zeitlich abhängige), oder man fordert, daß die Entwicklung der entsprechenden Normative einem ganz bestimmten Funktionstyp entspricht und gibt die Schranken bezüglich der Parameter dieser Funktion vor (Borngräber).

2.2. *Mehrsektorale Modelle*

Gegenstand mehrsektoraler Modelle ist neben der optimalen Aufteilung des Nationaleinkommens auf Akkumulation und Konsumtion auch die Ermittlung einer optimalen Struktur der Volkswirtschaft. Das setzt eine richtige Abbildung sowohl des dialektischen Wechselverhältnisses zwischen Akkumulation und Produktionswachstum als auch der materiellen Verflechtungen der Volkswirtschaft voraus.

Typische mehrsektorale dynamische Optimierungsmodelle sind die Optimierungsvarianten der dynamischen Verflechtungsbilanz. Der einfachste Modelltyp (stetig, ohne Zeitverzögerung) hat folgende Form:

$$\int_{t=t_0}^{T} Q(t)\, p(t)^T y(t)\, dt \rightarrow \max\,,$$

$$K\dot{x}(t) = (E - A)\, x(t) - y(t)\,,$$

$$u_i^{\min} \leqq y_i(t)/x_i(t) \leqq u_i^{\max}\,, \qquad (i = 1, \dots, n)$$

$$x(t) \geqq 0; \qquad y(t) \geqq 0\,,$$

$$x(t_0) = x_0 \geqq 0\,.$$

Dabei bedeuten:

$Q(t)$	–	die Diskontierungsfunktion,	
$y(t)$	–	$[y_i(t), y_2(t), \dots, y_n(t)]$	– der Konsumtionsvektor[24],
$p(t)$	–	$[p_1(t), p_2(t), \dots, p_n(t)]$	– der Wichtungsvektor für die Komponenten der Konsumtion,
K	–	$[K_{ij}]\; i, j = 1, \dots, n$	– Matrix der Nettoinvestitionsintensität bezüglich des Bruttoproduktzuwachses,
$x(t)$	–	$[x_1(t), x_2(t), \dots, x_n(t)]^T$	– Bruttoproduktvektor,

$\dot{x}(t)$ – $\left[\frac{dx_1(t)}{dt}, \ldots, \frac{dx_n(t)}{dt}\right]^T$,

E – Einheitsmatrix,

A – $[a_{ij}]$ $i, j = 1, \ldots, n$ – Matrix der direkten (Material-)Aufwandskoeffizienten,

u_i^{min}, u_i^{max} – untere und obere Schranken für die Konsumtionsrate,

x_0 – Anfangswert für die Bruttoproduktion.

Als Steuerparameter fungieren die Konsumtionsraten für die Erzeugnisse der verschiedenen Bereiche. Der Vektor der Investitionsflüsse taucht explizit nicht auf, er ist gleich $K\,\dot{x}(t)$. Die Entwicklung der Arbeitskräfteressourcen kann in Form von Bilanzgleichungen berücksichtigt werden. Als Grenzfälle dieses Modelltyps lassen sich drei-, zwei- und einsektorale Varianten formulieren. Die einsektorale Variante ist ein dem Grundschema entsprechendes Bruttoproduktmodell.

Für eine dreisektorale Variante lassen sich zum Beispiel folgende Sektoren definieren:

Sektor 1: materialproduzierender Sektor,
Sektor 2: investitionsmittelproduzierender Sektor,
Sektor 3: konsumtionsgüterproduzierender Sektor.

Infolge der spezifischen Struktur der Matrizen A und K hätte ein solches Modell nur einen Freiheitsgrad, so daß man beispielsweise im Rahmen dieses Modells von der Annahme ausgehen könnte, daß die Volkswirtschaft allein über die Investitionen in den investitionsmittelproduzierenden Sektor gesteuert wird.

Ein Modell, das einer solchen dreisektoralen Optimierungsvariante der dynamischen Verflechtungsbilanz sehr nahe kommt und sich vom Standardschema der dynamischen Verflechtungsbilanz im wesentlichen nur dadurch unterscheidet, daß die Grundfonds und die Grundfondseffektivitätskoeffizienten explizit auftauchen, ist das von Biersack entwickelte dreisektorale Modell zur Ermittlung einer optimalen Investitionsverteilung.[25]

Das Modell läßt sich wie folgt zusammenfassen:

Die Verwendungsgleichungen der Komponenten des Bruttoprodukts:

$$X_{1t} = M_t = M_{1t} + M_{2t} + M_{3t},$$

wobei

$$M_{it} = m_{it}\, x_{it}, \qquad (i = 1, 2, 3)$$

$$X_{2,t-\tau} = \bar{I}_t^B = \bar{I}_{1t}^B + \bar{I}_{2t}^B + \bar{I}_{3t}^B,$$

wobei

$$\bar{I}_{it}^B = \bar{I}_{it}^E + \bar{I}_{it}^N, \qquad (i = 1, 2, 3)\ (*)$$

wobei die notwendigen Ersatzinvestitionen bestimmt werden durch:

$$\bar{I}^E_{it} = \mu_{it-1} G_{it-1} \,. \qquad (i = 1, 2, 3) \; (^{**})$$

Dabei bedeuten:

M_{it}, m_{it} – Materialaufwand und Materialaufwandskoeffizient des Sektors i im Jahre t.
G_{it}, μ_{it} – Grundfonds und Grundfondsaussonderungsrate im Sektor i.
$\bar{I}^B_{it}, \bar{I}^E_{it}, \bar{I}^N_{it}$ – im Jahre t wirksam werdende Brutto-, Ersatz- und Erweiterungsinvestitionen im Sektor i.

Beide Gleichungen lassen sich über (*) und (**) ineinander überführen.

Die Grundfondsbildungsgleichungen:

$$G_{it} = G_{it-1} + \bar{I}^N_{it}$$

beziehungsweise

$$G_{it} = (1 - \mu_{i,t-1}) \, G_{i,t-1} + \bar{I}^E_{it} \,, \qquad (i = 1, 2, 3)$$

Die Aufkommensbeziehungen:

$$x_{it} = e_{it} \, G_{it} \,. \qquad (i = 1, 2, 3)$$

Dabei bedeutet:

e_{it} – Grundfondseffektivität im Sektor i im Jahre t.

Zusätzliche Restriktionen:

Biersack betrachtet als „Steuerparameter" nicht unmittelbar die Erweiterungsinvestitionen, sondern die „Erweiterungsinvestitionsanteilkoeffizienten".[26]

$$u_{it} = \frac{\bar{I}^N_{it}}{\sum_{j=1}^{3} \bar{I}^N_{it}} \,. \qquad (i = 1, 2, 3)$$

Der zulässige Bereich für die Steuerung wird zunächst lediglich durch die Forderung bestimmt, daß sämtliche Erweiterungsinvestitionen positiv sein müssen:

$$\bar{I}^N_{it} \geqq 0 \,. \qquad (i = 1, 2, 3)$$

Das entspricht für u_{it} folgendem Steuerbereich:

$$U_t = \left\{ u_{it} \,\middle|\, \sum_{i=1}^{3} u_{it} = 1 \,, \quad u_{it} \geqq 0 \right\} . \qquad (t = 1, 2, 3)$$

Wie bei der Optimierungsvariante der dynamischen Verflechtungsbilanz werden auch hier die Arbeitskräfte als Produktionsfaktor nicht abgebildet. Deshalb sind auch für dieses Modell die in Abschnitt 3.1. erwähnten Unzulänglichkeiten für den Typ der intensiv erweiterten Reproduktion charakteristisch.

Mit dem Ziel, ökonomisch akzeptable Lösungen zu erhalten, wurden auch hier Möglichkeiten einer weiteren Einschränkung des zulässigen Steuerbereiches genutzt (zum Beispiel Vorgabe bestimmter Funktionstypen für $u_i(t)$).

Die Zielfunktion:

Die Konsumtionsmittel erscheinen in diesem Modell explizit als die dritte Komponente des Bruttoproduktvektors, nämlich x_{3_t}. Entsprechend lassen sich die gebräuchlichen Formen der Zielfunktion für dieses Modell verwenden, zum Beispiel:

$$\sum_{t=t_0}^{T} Q(t) X_{3t} \rightarrow \max .$$

2.3. *Die Modellkonzeption von Val'tuch*

Das gleiche Problem, die Ermittlung einer optimalen Rate der produktiven Akkumulation[27] mit Hilfe von hochaggregierten ökonomisch-mathematischen Modellen, beschäftigte auch Val'tuch in vielen seiner Arbeiten.[28] Er entwickelte in diesem Zusammenhang einen interessanten Ansatz, dem das gleiche in Abschnitt 2.1. beschriebene Grundschema zugrunde liegt, allerdings mit dem Unterschied, daß das Aufkommen des Nationaleinkommens hier nicht im einsektoralen Modell selbst, sondern in vorgelagerten Rechnungen, beispielsweise mit Hilfe einer dynamischen Verflechtungsbilanz ermittelt wird.

Da das Modell einige der bisher aufgezeigten Mängel ein- und mehrsektoraler Modelle überwindet, ohne dabei alle ökonomischen Probleme schon befriedigend zu lösen, soll es etwas ausführlicher analysiert werden. In diesem Zusammenhang kommen einige weitere Besonderheiten des Val'tuch-Modells deutlich zum Ausdruck. Sie betreffen vor allem die Abgrenzung des Entscheidungsfeldes, die Erfassung des Zeitaspektes, und davon abgeleitet, die Art und Weise der Ermittlung der optimalen Lösung.

Der Modellansatz baut auf folgenden theoretischen Prämissen auf:

1. Zwischen der Entwicklung des Lebensstandards der Bevölkerung, repräsentiert durch die Dynamik des Konsumtionsfonds, und der Entwicklung des Fonds der produktiven Akkumulation besteht ein dialektischer Widerspruch. Die Vergrößerung des Akkumulationsfonds[29] der Volkswirtschaft über ein „uneingeschränkt effektives“ Minimum hinaus verringert im jeweiligen Betrachtungsjahr den für die Konsumtion verfügbaren Anteil am Nationaleinkommen, bedeutet also einen Verzicht auf Wohlstandszuwachs in der Gegenwart. Sie schafft aber die

Voraussetzungen für eine stärkere Anhebung des Lebensstandards in der Zukunft. Unter dem „uneingeschränkt effektiven" Akkumulationsminimum versteht Val'tuch hier ein solches Akkumulationsvolumen, das eine maximale Konsumtion im gleichen Jahr sichert, wobei das einmal erreichte Niveau auch im Folgejahr beibehalten wird.

2. Je schneller unter sonst gleichen Bedingungen aus den Akkumulationsmaßnahmen des Planjahres ein Wohlstandszuwachs, ausgedrückt als Konsumtionsfondszuwachs, resultiert, desto effektiver ist dieser Zuwachs und damit auch der Akkumulationsfonds, der ihn hervorgerufen hat.

3. Je mehr die Gesellschaft zugunsten weiterer Akkumulation auf Konsumtionszuwachs in der Gegenwart verzichtet, um so angespannter wird die Akkumulation.

Mit der ersten Voraussetzung grenzt Val'tuch das Entscheidungsproblem ein und reduziert es auf die Ermittlung der optimalen *Zusatz*akkumulation in jedem Planjahr. Der Mindestakkumulationsfonds und die dazugehörige minimale Akkumulationsrate werden in vorgelagerten Rechnungen bestimmt. Sie sind dann gegeben, wenn der Gesamtkonsumtionsfonds, von Val'tuch übrigens immer mit dem jährlichen Gesamtprodukt der Abteilung II identifiziert, beim Übergang vom Planjahr zum ersten Folgejahr nur noch mit der Rate des Bevölkerungswachstums zunimmt. Die zweite Prämisse führt zum Begriff der Akkumulationseffektivität und zur Konstruktion einer Wichtungsfunktion (Diskontierungsfunktion) $p(t)$ mit $\frac{dp}{dt} > 0$. Als Akkumulationseffektivität (e_i) wird hier eine Kennziffer definiert, die sowohl den Nutzungsverlust (g_i) widerspiegelt, der daraus resultiert, daß in den ersten Folgejahren zuerst der Konsumtionsverzicht im Planjahr, den jede zusätzliche Akkumulationsmaßnahme in diesem Jahr zwangsläufig mit sich bringt, aufzuholen ist, als auch den „reinen" Nutzeffekt (k_i). Letzterer stellt den noch verbleibenden Gesamteffekt der Veränderungen in den Konsumtionsfondszuwächsen in den Folgejahren dar. Die Effektivität einer Zusatzakkumulationsvariante soll dabei um so größer sein, je größer in dieser Variante der „reine" Nutzeffekt beziehungsweise je kleiner der Nutzensverlust ist. Dieser Abhängigkeit entspricht im Modell die Definitionsgleichung

$$e_i = \frac{k_i}{g_i}. \qquad (i = 1, 2, \ldots, n)$$

Mit Hilfe der Diskontierungsfunktion, meist in der linearen Form

$$p(t) = 1 - \alpha(t - n)$$

angesetzt, werden nun alle diese Effekte auf ein und dieselbe Zeitperiode zurückgeführt.

Dabei bedeuten:
α – Koeffizient der jährlichen Abnahme des Nutzens einer Einheit Konsumtionsfondszuwachs,
n – Nummer des Planjahres.

An dieser Stelle sei kurz darauf hingewiesen, daß die hier verwendete Akkumulationseffektivität wenig gemeinsam hat mit den in der Effektivitätsrechnung üblichen Kennziffern wie Arbeitsproduktivität, Fondsquote und Investitionseffektivität. Sie stellt im Gegensatz zu den letztgenannten keine Relation her zwischen Aufwand und Ergebnis, sondern mißt lediglich die sich aus einer bestimmten Zusatzakkumulation ergebenden positiven und negativen Effekte. Schon aus diesem Grunde ist diese Größe, wie übrigens einige andere Kennziffern des Modells, auch eng an den vorliegenden Ansatz gebunden und besitzt keine eigenständige Bedeutung. Dazu kommt noch, daß, wie bereits die Begriffsbestimmung zeigt, einseitig auf die Erzielung eines kurzfristigen Wohlstandszuwachses orientiert wird. So ist es nach e_i tatsächlich am effektivsten, einen möglichst großen Anteil am Nationaleinkommen des Planjahres sofort zu konsumieren. Die höchste Akkumulationseffektivität besitzt unter diesen Bedingungen die Mindestakkumulation.[30]

Modellrechnungen allein auf der Grundlage der Akkumulationseffektivität würden in jedem Fall zu ökonomisch unsinnigen Ergebnissen führen. Ließe man sich nur vom Streben nach höchster Effektivität leiten, bekäme man, wie bereits betont, eine triviale Lösung in Höhe der Mindestakkumulation, bezöge man alle Varianten ein, in denen der reine Nutzeffekt höher ist als der Nutzensverlust ($e_i > 1$), bestände die Gefahr der vollen Ausschöpfung des maximal möglichen Akkumulationsfonds, und zwar in jedem einzelnen Planjahr. Das aber würde bedeuten, daß der einmal erreichte Lebensstandard pro Kopf der Bevölkerung auf unbestimmte Zeit eingefroren bleibt. Zur Ermittlung der optimalen Akkumulationsrate bedarf es also einer weiteren Modellvariablen. Entsprechend der dritten Prämisse wird deshalb ein Angespanntheitsparameter $s(i)$ definiert als Maß für jenen Verzicht an Konsumtionsfondszuwachs, den die Gesellschaft im Planjahr auf sich nimmt, um in diesem Zeitabschnitt weitere Zusatzakkumulationen zu ermöglichen. Die Angespanntheit liegt dabei um so höher, je größer die Zusatzakkumulation im Vergleich zum Mindestakkumulationsvolumen ist.

Wie bestimmt man nun nach diesem Ansatz, der hier auf seine Grundstruktur und auf seine grundlegenden ökonomischen Annahmen reduziert wurde, das optimale Aufteilungsverhältnis des Nationaleinkommens? Zunächst wird mit Hilfe eines dynamischen Modells eine Anzahl von Varianten für die Entwicklung der Volkswirtschaft in einem längeren Zeitraum errechnet. Über die einzelnen Varianten, darin besteht das wesentliche Ziel dieser ersten vorbereitenden Etappe, sollen diejenigen ökonomischen Konsequenzen sichtbar gemacht beziehungsweise ausgewiesen werden, die sich allein aus einer unterschiedlichen Akkumulationspolitik im ersten Jahr ergeben. Deshalb dürfen die verschiedenen Entwicklungsvarianten nur aus unterschiedlichen Akkumulationsraten resultieren. Alle anderen Größen, dazu gehört in den Folgejahren auch die entsprechende Akkumulationsrate, bleiben beim Übergang von Variante zu Variante konstant. Als Ergebnisgrößen benötigt man die jeweiligen Konsumtionsfonds-Zeitreihen, denn der Zuwachs im jährlichen Gesamtkonsumtionsfonds innerhalb des untersuchten *Zeitraumes* ist hier der Indikator für den Nutzeffekt von Veränderungen der Akkumulationsrate im Planjahr. Danach werden nach speziellen Vorschriften für jede zulässige Variante der Zusatzakkumulation die Akkumulationseffektivität und die Akkumulationsangespanntheit errechnet. Als optimal im Planjahr $t = 1$ gilt die Variante der Zusatzakkumulation r aus der geordneten Wertmenge $\{i\}$, für die die Zielfunktion

$$Z_r = \sum_{i=2}^{r} [k_1 - g_i s(i)]$$

den größten Wert annimmt. Im Anschluß daran lassen sich auf der Grundlage der Daten des in der ersten Phase benutzten dynamischen Modells die optimale Akkumulationsrate und andere wichtige volkswirtschaftliche Kennziffern ermitteln. Damit sind die Rechnungen für das erste Jahr abgeschlossen. Den optimalen Verlauf der Akkumulationsrate in einer Planperiode erhält man, wenn man nach der gleichen Vorschrift die Akkumulationsoptima in den Einzeljahren dieser Periode bestimmt.

Das vorliegende Modell wurde von Val'tuch im Zusammenspiel mit der 29-sektoralen (halb-)dynamischen Verflechtungsbilanz von Šatilov mehrfach experimentell erprobt. In den entsprechenden Testrechnungen traten zwar einige rechnerische Schwierigkeiten auf, die vor allem die Ermittlung *bilanzierter* Entwicklungsvarianten für beliebige Akkumulationsraten mit Hilfe der mehrsektoralen Bilanz und die Erfüllung einiger Anforderungen des einsektoralen Modells selbst betreffen (Verteilung eines gleich großen Nationaleinkommens im Planjahr in allen Varianten, Aufbau einer monoton fallenden Folge von Akkumulationseffektivitäten). Insgesamt erwies sich das Modell jedoch als funktionstüchtig. Damit liegt erstmalig in den sozialistischen Ländern ein erprobter Ansatz vor, der explizit einen engen Zusammenhang herstellt zwischen der Aufteilung des Nationaleinkommens auf Akkumulation und Konsumtion einerseits und der rationellen Verteilung und Nutzung der Akkumulationsmittel sowie der rationellen Nutzung vorhandener Kapazitäten andererseits. Die Testrechnungen haben darüber hinaus gezeigt, daß das Akkumulationsoptimum relativ unempfindlich gegenüber Veränderungen in den Ausgangsdaten ist. So liegt, wie auch Rogožnikova bestätigt,[31] die optimale Akkumulationsrate des Planjahres selbst dann in einem selbstgewählten Toleranzbereich von 20,2 bis 21,5 Prozent, wenn der Diskontsatz zwischen 0,05 und 0,125, der Angespanntheitsparameter zwischen 3,37 und 5,16 und die Akkumulationsrate in den Folgejahren zwischen 18,1 und 22,3 Prozent schwankt. Die erwähnten rechnerischen Schwierigkeiten bei der

Ermittlung der Ausgangsvarianten ließen sich beispielsweise umgehen, wenn anstelle einer dynamischen Verflechtungsbilanz ein einsektorales Wachstumsmodell verwendet würde. Eigene Testrechnungen haben jedoch gezeigt, daß dieser Weg aus anderen Gründen nicht gangbar ist. Bei einer angenommenen mittleren Zeitverzögerung für Investitionen von t^* Jahren fallen nämlich die Nutzeffekte aus den zusätzlichen Akkumulationsmaßnahmen nahezu vollständig auf das Folgejahr $t + t^*$. Damit kann die von Val'tuch angestrebte Diskontierung nicht wirksam werden, was schließlich dazu führt, daß der optimale Wert der Akkumulationsrate des Planjahres t in unmittelbarer Nähe der oberen Grenze liegt. Diese Ergebnisse erlauben den Schluß, daß das Val'tuch-Modell nur dann ökonomisch sinnvolle Ergebnisse liefert, wenn zur Bestimmung der Konsumtionsfondszeitreihen ein mehrsektorales dynamisches Modell mit verteilten Zeitverzögerungen herangezogen wird.

An dieser Stelle soll etwas näher auf die eingangs erwähnte Besonderheit des Val'tuch-Modells, die spezifische Erfassung des Zeitaspekts, eingegangen werden. Wie bereits aus den bisherigen Darlegungen hervorgeht, gliedert Val'tuch im Gegensatz zu den in Abschnitt 2.1. analysierten einsektoralen Modellen, wo die Lösung „in einem Zug" ermittelt werden kann, das Entscheidungsproblem auf und löst es sukzessive. Im ersten Fall erfolgt also die Suche nach der optimalen Lösung primär aus dem Gesichtswinkel eines Betrachtungsjahres. Die Aneinanderreihung der Optimallösungen aus den Einzeljahren führt hier zum optimalen Verlauf der Akkumulationsrate im gesamten Planzeitraum. Dabei hat das Endjahr keinen Einfluß auf die optimalen Werte der Akkumulationsrate in den davorliegenden Jahren. Im zweiten Fall wird direkt von einer mehrjährigen Planperiode ausgegangen, deren Endjahr vor Beginn der Rechnungen vorgegeben sein muß. Im Lösungsprozeß ergibt sich zunächst das allgemeine Gesetz des optimalen Entwicklungsverlaufs der Steuergröße (zum Beispiel Akkumulationsrate) in der Gesamtperiode. Erst danach werden die optimalen Werte dieser Größe in den Einzeljahren errechnet. Mit dieser spezifischen Art der Optimierung erreicht Val'tuch, und darin besteht zweifellos ein Vorteil seiner Konzeption gegenüber linearen Optimalsteuermodellen, daß die optimale Entwicklung der Akkumulationsrate und anderer volkswirtschaftlicher Kennziffern (Nationaleinkommen, Akkumulations- und Konsumtionsfonds) frei von Sprung- und Knickstellen ist, obwohl die Modellvariablen auch hier ausschließlich durch lineare Beziehungen miteinander verknüpft sind.

Natürlich wirft aber auch das vorliegende Modell eine Reihe von Fragen auf, deren endgültige Beantwortung noch aussteht, wie bereits einleitend betont wurde. Hier sind nicht Vereinfachungen gemeint, die hochaggregierten Modellen zur Ermittlung einer optimalen Akkumulationsrate generell wesenseigen sind, wie zum Beispiel die Reduzierung der Anforderungen des ökonomischen Grundgesetzes des Sozialismus auf die weitere Erhöhung des *materiellen* Lebensniveaus und die Beschränkung auf einige wesentliche globale Abhängigkeiten zwischen dem Wirtschaftswachstum einerseits und dem Einsatz wichtiger Wachstumsfaktoren sowie ihrer Effektivität andererseits. Gemeint sind vielmehr ungelöste Probleme, die die Einsatzmöglichkeiten des Val'tuch-Ansatzes, zumindest hinsichtlich der von Val'tuch selbst verfolgten Zielstellung, der „Optimierung des Akkumulationsvolumens", einschränken.

Wichtigste Voraussetzung für die Anwendbarkeit eines jeden ökonomisch-mathematischen Modells in der sozialistischen Planung ist die adäquate Abbildung des volkswirtschaftlichen Reproduktionsprozesses entsprechend der jeweils gewählten Abstraktionsebene. Nur wenn die grundlegenden Abhängigkeiten innerhalb des Modells ökonomisch begründet sind, kann es sinnvolle Informationen für die sozialistische Planung liefern. Darüber täuscht auch eine gewisse Stabilität der optimalen Lösung nicht hinweg, zumal selbst Unterschiede in der optimalen Akkumulationsrate von „nur" 1,3 Prozent wirtschaftspolitisch immerhin durchaus ins Gewicht fallen. Bei einigen Modellteilen fehlt nun leider eine solche ökonomische Fundierung.

Als Beispiel wird der Angespanntheitsparameter $s(i)$ angeführt. Er fungiert im Zusammenwirken mit der Akkumulationseffektivität e_i bekanntlich als eine Art Optimalitätskriterium und ist somit für das Funktionieren des gesamten Modells von entscheidender Bedeutung. Danach ist die Aufteilung des Nationaleinkommens dann optimal, wenn gilt $e_i = s(i)$, das heißt, wenn ein Bilanzgleichgewicht besteht zwischen dem Gesamtvolumen an Akkumulationsressourcen und dem Gesamtbedarf an Zusatzakkumulation im entsprechenden Planjahr. In diesem Zusammenhang entstehen zwei Fragen, erstens, in welchen Grenzen soll sich $s(i)$ bewegen und, zweitens, welchen Gesetzmäßigkeiten folgt die Abhängigkeit zwischen Angespanntheit und Zusatzakkumulation innerhalb des zulässigen Bereiches.

Bei der Beantwortung der ersten Frage stützt sich Val'tuch weitgehend auf ökonomische Thesen. Er argumentiert ähnlich wie bereits bei der Festlegung der oberen Grenze für den zulässigen Variationsbereich der Akkumulationsrate im Planjahr. An dieser Obergrenze, an der der Lebensstandard pro Kopf der Bevölkerung im Planjahr konstant bleibt, ist die Belastung der Konsumtion durch die Zusatzakkumulation so groß, daß jetzt kein noch so effektives Investitionsvorhaben in der Lage ist, den Wohlstand im Vergleich zum Vorjahr zu erhöhen. Deshalb wird die obere Grenze für $s(i)$ mit der maximalen Akkumulationseffektivität verknüpft. Die Festlegung der unteren Grenze ($s(i) = 1$) erfolgt offensichtlich ausgehend von rein rechentechnischen Erwägungen.

Von weit größerem Gewicht für die Lösungseigenschaften des Modells und für die Lage des Gleichgewichtspunktes $e_i = s(i)$ ist die Entwicklung des Angespanntheitsparameters zwischen diesen beiden Grenzen. Val'tuch benutzt wahlweise, ohne dies zunächst irgendwie zu motivieren, entweder einen linearen oder einen exponentiellen Zusammenhang zwischen Angespanntheit und Zusatzakkumulation. Die Berechtigung für ein solches Herangehen leistet er aus vergleichenden Untersuchungen ab, wonach eine „recht unbedeutende Abhängigkeit des optimalen Planes von der betrachteten Veränderung der Hypothese bezüglich *s*“[32] existiert. Das dürfte eine zu weitgehende Schlußfolgerung angesichts einer Veränderung des Akkumulationsfonds um 6,2 Prozent (3,2 Milliarden Rubel) beim Übergang von einer linearen zu einer exponentiellen Funktion sein!

Ähnliches ließe sich über Art und Weise der Ermittlung des Nutzensverlustes beziehungsweise Nutzensgewinns und über die Behandlung des Problems der Gewichtung verschiedenzeitlicher Nutzeffekte der Akkumulationsmaßnahmen eines Zeitabschnittes sagen. Nach der sehr fundierten theoretischen Begründung der *Notwendigkeit* einer solchen Gewichtung in Form einer Diskontierung erfolgt auch hier keine Ableitung der Funktion $p(t)$ aus ökonomischen Prozessen und Zusammenhängen. Das scheint deshalb von so großer Bedeutung zu sein, weil die Diskontierung bei Val'tuch eine notwendige Voraussetzung für das bloße Funktionieren des Modells ist, im Gegensatz zu den Optimalsteuermodellen, die formal gesehen auch ohne Diskontierung auskommen.

Trotz dieser kritischen Einwände stellt das Modell von Val'tuch einen interessanten und in vielerlei Hinsicht erfolgversprechenden Versuch dar, die Entwicklung optimaler volkswirtschaftlicher Grundproportionen mit Hilfe eines hochaggregierten Modells zu bestimmen. Der erste Schritt in dieser Richtung ist die Überprüfung des Modells anhand der Vergangenheitsentwicklung. „Experimentelle Rechnungen mit Hilfe des Modells haben es vor allem ermöglicht, die stabile Rate der produktiven Akkumulation zu erklären, die sich in der UdSSR faktisch herausgebildet hat und die im Verlaufe von 20 Jahren (1950 bis 1970) 20 bis 22% des Nationaleinkommens beträgt.“[33] Jetzt kommt es darauf an, die einzelnen Modellteile theoretisch weiter zu fundieren. Kriterium für ein Entscheidungsmodell und damit auch für das vorliegende Modell ist nicht, wie von Val'tuch an anderer Stelle behauptet,[34] seine Fähigkeit, „massenhafte Fakten der Wirklichkeit“ zu erklären. In diesem Falle würde die Modellrechnung auf eine Beschreibung abgelaufener Prozesse mit nachfolgender Extrapolation hinauslaufen.[35] Entscheidungsmodelle sollen vielmehr in erster Linie Informationen liefern, mit denen die sozialistische Gesellschaft in die Lage versetzt wird, die vor ihr stehenden lang-, mittel- und kurzfristigen Ziele optimal zu realisieren. Das können sie jedoch nur, wenn sie voll und ganz auf der Theorie der politischen Ökonomie des Sozialismus fußen.

3. *Einsektorale makroökonomische Optimalsteuermodelle — ihre ökonomischen Prämissen und Lösungseigenschaften*

Im folgenden soll eine ökonomisch-mathematische Analyse verschiedener Modelltypen vorgenommen werden. Hierbei interessieren in erster Linie folgende Fragen:

- Welche Prämissen liegen dem Modellansatz zugrunde und inwieweit sind diese realistisch?
- Über welche Eigenschaften verfügt das dem jeweiligen Modell adäquate optimale Wachstum?
- Wie lassen sich die Eigenschaften der optimalen Lösungen ökonomisch interpretieren?

Was die Prämissen betrifft, wird nur auf diejenigen hingewiesen, die für das jeweilige Modell spezifisch sind, also nicht etwa auf allgemeine Voraussetzungen im Zusammenhang mit der Aggregation, der Geschlossenheit des Modells und ähnliche.

Gegenstand der Analyse sind drei Modelltypen:

1. Modelle, in denen die Arbeitskräfte nicht erfaßt sind. Hierzu gehören die meisten Modelle, die in mehr oder weniger abgewandelter Form einer Optimierungsvariante der dynamischen Verflechtungsbilanz entsprechen: Der vorgestellte Ansatz M 1 ist ein typischer Vertreter dieser Klasse.
2. Ein makroökonomisches Steuermodell mit substitutionaler Produktionsfunktion, das über magistrale Lösungseigenschaften verfügt,
3. ein Magristralmodell zur optimalen Steuerung der durchschnittlichen Arbeitsproduktivität, das die Wirkung der Arbeitskräfte und die Produktivitätsentwicklung nicht über eine substitutionale Produktionsfunktion erfaßt.

Hierbei wird davon ausgegangen, daß die interessierenden Lösungseigenschaften (Sprung- und Knickverläufe der Lösungstrajektorien, zeitliche Stabilität der Akkumulationsrate) von mehrsektoralen Modellen denen der einsektoralen weitgehend entsprechen und ferner die Berücksichtigung von unterschiedlichen Zeitverzögerungen in diesem Sinne nicht zu prinzipiellen Veränderungen bei den (optimalen) Lösungstrajektorien führt. Deshalb werden die Untersuchungen in der hier vorliegenden Arbeit auf kontinuierliche Varianten einsektoraler Modelle beschränkt, bei denen von einer Zeitverzögerung bei der Investitionswirkung abstrahiert wird.

3.1. *Makroökonomisches Optimalsteuermodell zur Abbildung der rein extensiv erweiterten Reproduktion*

In den weiteren Ausführungen bedeuten die folgenden Symbole:

$Q(t)$	– Diskontierungsfunktion (bei konkreten Untersuchungen werden $Q(t) = e^{-\delta t}$, δ – Diskontrate, verwendet),
$C(t)$	– Konsumtion (verallgemeinerte, das heißt individuelle und gesellschaftliche),
$W(t)$	– Endprodukt,
$I(t)$	– Bruttoinvestitionen,
$s(t)$	– Bruttoinvestitionsrate,
$a(t)$	– Effektivität der neuen Grundfonds,
$\bar{a}(t)$	– durchschnittliche Grundfondseffektivität bezüglich des Endprodukts (Grundfondsquote),
k_1	– Korrekturfaktor,
$k_1\bar{a}(t)$	– Effektivität der ausgesonderten Fonds,
$G(t)$	– Grundfonds,
$\mu(t)$	– Aussonderungsrate,
$\underline{s}$, $\bar{s}$	– untere und obere Schranke für die Investitionsrate,
G_0	– Grundfonds am Anfang des Planungszeitraums,
$F'(t) = \dfrac{dF(t)}{dt}$	– Differentialquotientensymbol.

Die ursprünglichen Darstellungen der Modelle sind im vorliegenden Forschungsbericht mit M 1, M 2, M 3 bezeichnet, die durch Umformung entstandenen, mathematisch besser handhabbaren Problemstellungen mit P 1, P 2 usw.

Das zu untersuchende Modell *M 1* wird wie folgt formuliert:

Verteilungsrelation:

$$W(t) = C(t) + I(t). \qquad (1)$$

Das Endprodukt wird verteilt auf Konsumtion und (Brutto-)Investitionen. Die Investitionsrate ist definiert mit

$$s(t) = I(t)/W(t). \qquad (2)$$

Sie wird als Steuerparameter des Modells betrachtet. Unter anderem gilt

$$C(t) = [1 - s(t)]\,W(t),$$
$$I(t) = s(t)\,W(t).$$

Aufkommensbeziehung für das Endprodukt:

$$W(t) = \bar{a}(t)\,G(t). \qquad (3)$$

Grundfondsbildungsgleichung:

$$G'(t) = I(t) - \mu(t)\,G(t), \qquad (4)$$

das heißt, der Grundfondszuwachs ist gleich den Bruttoinvestitionen minus den ausgesonderten Grundfonds.

Zieht man die unterschiedliche Effektivität der Neuinvestitionen und der ausgesonderten Fonds in Betracht, erhält man für den Zuwachs des Endprodukts

$$W'(t) = a(t)\, I(t) - k_1 \bar{a}(t)\, \mu(t)\, G(t)\,. \tag{5}$$

Die Bruttoinvestitionsrate sei nur innerhalb ökonomisch bedingter Schranken variierbar:

$$\underline{s} \leqq s(t) \leqq \bar{s}\,. \tag{6}$$

Ferner gilt die Anfangsbedingung

$$G(0) = G_0\,. \tag{7}$$

Wie man sieht, entspricht dieses Modell dem Typ der extensiv erweiterten Reproduktion und damit auch der Abbildung des ökonomischen Wachstums nach Feldman. Das Arbeitskräftepotential bleibt unberücksichtigt und wird somit als unbeschränkt betrachtet, das heißt, es wird vorausgesetzt, daß während des gesamten Planungszeitraums einer Vermehrung der Grundfonds keine Restriktionen von seiten der benötigten Zahl der Arbeitskräfte auferlegt sind. Im Modell erscheinen die Grundfonds als einziger Reproduktionsfaktor. Da die Arbeitsproduktivität unberücksichtigt bleibt, ist es weitgehend ungeeignet für eine Abbildung des wissenschaftlich-technischen Fortschritts. Obwohl dieser Modelltyp nicht mehr den gegenwärtigen ökonomischen Gegebenheiten entspricht, wurde er in der ökonomischen Literatur der sozialistischen Länder bisher schwerpunktmäßig untersucht (Dadajan, Bagrinovskij, Pugačov und andere).

Es soll nun das entsprechende Optimierungsproblem analysiert werden. Die Zielstellung möge die Maximierung der diskontierten kumulativen Konsumtion über den Zeitraum $[0, T]$ sein:

$$\int_0^T Q(t)\, C(t)\, dt\,. \tag{8}$$

Zusammenfassend lautet also die mathematische Problemstellung:

P 1: Gesucht ist für den Zeitabschnitt $[0, T]$ diejenige Investitionssteuerung $s(t)$, die unter den Bedingungen (1) bis (7) das Funktional (8) maximiert.

Zu beachten ist, daß $C(t)$, $W(t)$, $I(t)$, $s(t)$, $\bar{a}(t)$ und $G(t)$ hier frei variierbare (endogene) Größen sind, die übrigen Parameter werden exogen vorgegeben.

Bei den weiteren Untersuchungen wird die Grundfondseffektivität $\bar{a}(t)$ als konstant betrachtet. Hieraus folgt notwendigerweise, daß k_1 gleich 1 und $a(t)$ gleich $\bar{a}(t)$ und somit ebenfalls konstant sein muß. Diese Voraussetzung beeinflußt nicht die prinzipiellen Lösungseigenschaften des Modells und entspricht auch weitgehend den statistischen Angaben über die Volkswirtschaftsentwicklung der DDR. Die Grundfondseffektivität blieb im Verlaufe der letzten zehn Jahre annähernd konstant.

Die Aufgabe P 1 hat einen Freiheitsgrad und läßt sich auf folgendes Optimierungsproblem reduzieren ($W_0 = a(0)\, G_0$):

P 2:

$$\int_{t=0}^{T} Q(t)\,[1 - s(t)]\, W(t)\, dt \to \max\,, \tag{9}$$

$$W'(t) = [a s(t) - \mu(t)]\, W(t)\,, \tag{10}$$

$$\underline{s} \leqq s(t) \leqq \bar{s}\,, \tag{6}$$

$$W(0) = W_0\,. \tag{11}$$

Die übrigen Gleichungen fungieren nun lediglich als Bestimmungsgleichungen, um nach der Lösung des Problems P 2 in einem „Nachfolgeprogramm" auch die übrigen endogenen Variablen des ursprünglichen Modells ermitteln zu können.

Das Modell bildet die Volkswirtschaft so ab, daß der Produktionsausstoß im gleichen Maße wie der Grundfondsbestand ansteigen muß, und zwar unabhängig vom Arbeitskräftepotential und der Produktivität (rein extensiver Reproduktionstyp). Würde sich also der Grundfondsbestand der DDR bei gleichbleibender qualitativer Zusammensetzung (gleicher Effektivität) plötzlich verdoppeln, müßte dem Modell zufolge auch der Produktionsausstoß auf das Zweifache steigen. Tatsächlich könnte aber in der DDR in einem solchen Fall ein großer Teil der Grundfonds nicht mit Arbeitskräften „besetzt" beziehungsweise voll genutzt werden und käme somit volkswirtschaftlich nicht zur Wirkung.

Diese mangelhafte Abbildung des Zusammenhangs zwischen Grundfonds, Arbeitskräften und Produktionsausstoß wird, zumindest teilweise, im Modell M 3 (S. 50) überwunden, das eine Weiterentwicklung von M 1 darstellt.

Auf Grund der dem Modell M 1 zugrunde liegenden ökonomischen Voraussetzungen ist für den Fall der intensiv erweiterten Reproduktion als Lösung des Problems P 2 kein ökonomisch akzeptables Ergebnis zu erwarten. Insbesondere wird die Investitionsrate ausschließlich extreme Werte annehmen, da die Grenzeffektivität der Investitionen[36] nach diesem Modell konstant ist.

Nun sollen die Lösungseigenschaften von P 2 mathematisch untersucht werden. Es sei $s^*(t)$ die optimale Steuerung. Dabei interessiert, ob ein Teil der Trajektorie $s^*(t)$ unabhängig von den vorgegebenen Grenzen des Steuerbereiches $[\underline{s}, \bar{s}]$ ist. Um zu bestimmen, ob ein solcher Trajektorienabschnitt, der stetig differenzierbar sein möge, überhaupt existieren kann, genügt es, nach einer Lösung des Problems P 2 ohne Restriktion (6) zu suchen, da der interessierende Trajektorienabschnitt ein Teil dieser Lösung sein müßte. Wenn man ausgehend von (10) $s(t)$ im Integranden von (9) ersetzt, enthält man schließlich folgende Aufgabe:

$$P\,3\colon \quad \int_{t=0}^{T} Q(t)\left(W(t) - \frac{W'(t)}{a} - \frac{W(t)}{a}\,\mu(t)\right) dt - \max .$$

$$W(0) = W_0 . \tag{11}$$

Dieser Aufgabentyp läßt sich mit Hilfe der Variationsrechnung lösen.[37] Die notwendige Optimalitätsbedingung für die Lösung des Problems P 3 müßte konkret sein:

$$Q(t)\left(1 - \frac{\mu(t)}{a}\right) + \frac{Q'(t)}{a} = 0 .$$

Da diese Gleichung die endogene Variable des Problems P 3 ($W(t)$) nicht enthält, muß sie als widersprüchlich betrachtet werden. Auch wenn sie erfüllt wird, und zwar bei der ökonomisch unrealistischen Voraussetzung, daß die Diskontrate δ gleich $a - \mu$ ist, hat das Problem keine eindeutige, von den Schranken unabhängige Lösung.

Allgemein gilt also, daß P 3 keine endliche Lösung hat. Hieraus kann man mathematisch schlußfolgern, daß die das Problem P 2 lösende optimale Steuerung $s^*(t)$ ausschließlich an den Grenzen des Steuerbereiches realisiert wird. Man kann also voraussetzen, daß für jedes konkrete t gilt:

$$s^*(t) = \underline{s} \text{ oder } \bar{s} .$$

Formell ist P 2 mit dem Maximumprinzip von Pontrjagin zu lösen. Weniger aufwendig läßt sich allerdings die Lösung auf halbempirische Weise mit Hilfe von Variantenbetrachtungen ermitteln. Die allgemeine Form der Lösung lautet:

$$s^*(t) = \bar{s} ,$$

$$t \in [0, t_1) ,$$

$$s^*(t) = \bar{s}. ,$$

$$t \in [t_1, T] .$$

Das Ermitteln der Sprungstelle t_1 ist unkompliziert. Für $a(t) =$ const., $\mu(t) =$ const., $\bar{s} = 1$ und $\underline{s} = 0$ gilt beispielsweise:

$$t_1 = T - \frac{\ln a - \ln (a - \mu - \delta)}{\mu + \delta} .$$

Für $\mu = 0$ und $\delta = 0$ ist dieser Ausdruck unbestimmt, in diesem Falle gilt

$$t_1 = T - \frac{1}{a} .$$

Ähnlich muß man sich die Lösung aller Modelle vorstellen, in denen die Arbeitskräfte unberücksichtigt bleiben und in denen folglich eine konstante „Grenzeffektivität der Investitionen" vorausgesetzt wird.

Für den Fall des rein extensiven Reproduktionstyps mit unbeschränkten Arbeitskräfteressourcen läßt sich diese Lösung so interpretieren, daß vorläufig so viel wie möglich investiert und so wenig wie möglich konsumiert werden muß. Für eine gleitende Planung ist der Sprungzeitpunkt t_1 ohne Belang, da er gemeinsam mit dem Planungshorizont T von Jahr zu Jahr weitergeschoben und somit nie erreicht wird. Für den intensiv erweiterten Reproduktionstyp erscheint eine solche Lösung als sinnlos.

Ferner ist noch folgendes zu beachten:

— Die Vorgabe der Grenzen $\underline{s}$ und $\bar{s}$ ist schwer objektivierbar. Aber gerade diese Schranken bestimmen im wesentlichen den Verlauf der optimalen Steuerung. Die Vorgabe $\bar{s} = 1$, $\underline{s} = 0$ ist zwar rein theoretisch denkbar, Investitionsraten von 1 oder 0 sind aber ökonomisch unsinnig.

— Auf Grund der geringen Substituierbarkeit zwischen Konsumtions- und Investitionsmitteln ist ein Sprungverlauf der Investitionsrate ökonomisch nicht zu realisieren.

An dieser Stelle scheint es wichtig zu erwähnen, daß der letztgenannte Punkt keine entscheidende Unzulänglichkeit dieses Modelltyps ist. Wäre weiter nichts an der Lösung auszusetzen, könnte man den Sprung nachträglich im Rahmen des ökonomisch Möglichen durch einen glatten Übergang ersetzen.[38]

In der Literatur wurde offensichtlich nicht immer klar erkannt, daß es sich bei diesem Modelltyp um die Abbildung des rein extensiven Reproduktionstyps handelt. Deshalb wurden Versuche unternommen, durch gewisse Vorgaben und durch „Verbesserungen" des Modells, die jedoch nicht das Wesen des Modelltyps berührten, zu Lösungen zu gelangen, die für den intensiven Reproduktionstyp akzeptabel erscheinen.

Die in der Literatur am häufigsten vorgeschlagenen Methoden zielen darauf ab, durch weitere entscheidende Einschränkungen des Bereiches der zulässigen Steuerung die scheinbaren Unzulänglichkeiten zu beseitigen. Diese zusätzlichen Einschränkungen des Steuerbereiches laufen allerdings in letzter Konsequenz darauf hinaus, die Steuerung, die eigentlich ermittelt werden soll, im wesentlichen „von außen" vorzugeben. Weniger rigerose Einschränkungen führen ihrerseits stets wieder zu Lösungen, die für eine intensive Reproduktion ökonomisch unakzeptabel sind.

So wird beispielsweise vorgeschlagen, für die zulässige Steuerung einen ganz bestimmten Funktionstyp vorzugeben und lediglich die Parameter dieser Funktion durch Optimierung zu bestimmen.[39]

Die einfachste Möglichkeit dieser Art besteht darin, für die Steuerung $s^*(t)$ nur eine konstante Funktion zuzulassen.[40] An dem gewählten Beispiel soll gezeigt werden, daß ein solches Herangehen nicht zu einer Lösung des eigentlichen Problems führt.

Es seien die Grundfondseffektivität a, die Aussonderungsrate μ und in Übereinstimmung mit unserer zusätzlichen Voraussetzung die Bruttoinvestitionsrate s konstante Größen. Dann folgt aus (10) und (11)

$$W(t) = W_0 e^{(as - \mu)t}$$

Vernachlässigt man zunächst die Beschränkung des Steuerbereiches (6), erhält man ausgehend von P 2 jetzt folgendes Optimierungsproblem ($Q(t) = e^{-\delta t}$):

Gesucht ist s, das das Funktional

$$\int_{t=0}^{T} (1 - s) W_0 e^{(as - \mu - \delta)t} \, dt$$

maximiert.

Als Lösung des Integrals ergibt sich

$$\frac{1 - s}{as - \mu - \delta} W_0 \left[e^{(as - \mu - \delta)T} - 1\right].$$

Die notwendige Bedingung dafür, daß s diesen Ausdruck maximiert, lautet:

$$\frac{-(as - \mu - \delta) - a(1 - s)}{(as - \mu - \delta)^2} \left[e^{(as - \mu - \delta)T} - 1\right] + \frac{1 - s}{as - \mu - \delta} aTe^{(as - \mu - \delta)T} = 0 .$$

Diese Gleichung läßt sich nicht nach s auflösen, s muß deshalb aus dieser Gleichung durch ein Näherungsverfahren ermittelt werden. Nimmt man die in etwa realistischen Werte $a = 0{,}4$, $\mu = 0{,}03$ und $\delta = 0{,}05$, beträgt die „optimale" Investitionsrate bei $T = 10$ etwa 60 Prozent, bei $T = 20$ mehr als 80 Prozent, für $T < 5$ erhält man allerdings als Lösung der Gleichung schon ein negatives s, die Investitionsrate müßte also, wenn $\underline{s} = 0$, bei $T < 5$ gleich Null gesetzt werden. Die Abhängigkeit der „optimalen" Investitionsrate von der Wahl des Zeithorizontes läßt sich durch die in Abbildung 2 dargestellte Graphik veranschaulichen, wobei zu beachten ist, daß die Lösungsfunktion $s(T)$ bei $s = \frac{\mu + \delta}{a}$ eine Lücke hat (vgl. Abbildung 2).

Abstrahiert man von den Schranken, gilt $s^* \to 1$ bei $T \to +\infty$ und $s \to -\infty$ bei $T \to +0$. Ökonomisch ist es aber unzulässig, eine Investitionsrate als optimal zu betrachten, deren Größe in derartiger Weise von der Länge des einbezogenen Zeithorizonts abhängt.

Allgemein gilt als Vorgabe bestimmter Funktionstypen für die optimale Steuerung, daß die Lösung nach wie vor entscheidend von wenig objektivierbaren Parametern abhängt. Im vorliegenden Fall betrifft das den Zeithorizont und die Schranken. Im übrigen wird, wie bereits erwähnt, durch das Einführen weiterer Beschränkungen auf die Steuerung oder auch auf den Verlauf der Phasentrajek-

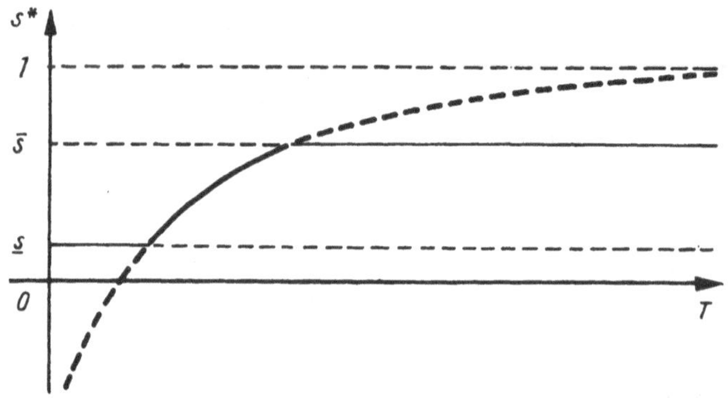

Abbildung 2: Abhängigkeit der „optimalen Investitionsrate" vom Zeithorizont

torien der zulässige Lösungsbereich zum Teil so stark eingeschränkt, daß die Lösung dadurch bis auf geringe Korrekturmöglichkeiten im wesentlichen prädeterminiert wird und somit von „Optimierung" im Prinzip nicht mehr die Rede sein kann.

Es ist nun zu untersuchen, inwieweit die Anwendung einer gesellschaftlichen Nutzensfunktion (Wohlstandsfunktion) als Zielfunktional die Lösungseigenschaften des Problems beeinflußt.

Der gesellschaftliche Nutzensindikator der verallgemeinerten Konsumtion sei U. Analog zu P 3 ist zunächst folgendes Problem zu betrachten:[41]

P 4:
$$\int_{t=0}^{T} e^{-\delta t} U\left(W(t) - \frac{W'(t)}{s(t)} - \frac{W(t)}{a(t)} \mu(t) \right) dt \to \max ,$$

$$W(0) = W_0 , \qquad W'(0) = W_0' .$$

Als Wohlstandsfunktion $U(C)$ wird die Funktion $\ln (C - C_{min})$ genommen, die über die allgemeinen, theoretisch erforderlichen Eigenschaften eines Nutzensindikators verfügt. C_{min} ist hier die notwendige verallgemeinerte Mindestkonsumtion der Gesellschaft. Der Funktion liegt die Annahme zugrunde, daß der marginale gesellschaftliche Nutzen der verallgemeinerten Konsumtion durch folgende Funktion beschrieben wird:

$$\frac{dU}{dC} = \frac{1}{C - C_{min}} .$$

Mit Hilfe der Variationsrechnung läßt sich die stetig differenzierbare Lösungsfunktion des Problems P 4 ermitteln. Sie lautet für konstantes a und μ:

$$W(t) = C_1 e^{(a-\mu)t} + C_2 e^{(a-\mu-\delta)t} + \frac{C_{min}\, a}{a - \mu}$$

mit

$$C_1 = \frac{W_0(\delta + \mu - a) + W_0'}{\delta} + aC_{\min}\left(\frac{1}{\delta} - \frac{1}{(a-\mu)}\right),$$

$$C_2 = \frac{(a-\mu)\,W_0 - aC_{\min} - W_0'}{\delta}.$$

Für den Fall $\delta = 0$ hat die Lösungsfunktion von P 4 die spezifische Form:

$$W(t) = e^{(a-\mu)t}(C_1 t + C_2) + \frac{C_{\min}\,a}{a-\mu}$$

mit

$$C_1 = W_0' - (a-\mu)\,W_0 + aC_{\min}$$

und

$$C_2 = W_0 + \frac{aC_{\min}}{(a-\mu)}.$$

Setzt man $W_0' = \eta W_0$ (η — Zuwachsrate des Endprodukts im Basisjahr, $\eta \approx 5$ Prozent) und für die Parameter a, μ, δ, η und $C_{\min}$ ($C_{\min} < W_0$) in etwa realistische Werte ein, wird man in beiden Fällen für C_1 im allgemeinen negative Werte erhalten. Wie aus den Lösungsfunktionen für $W(t)$ zu ersehen ist, würde dann gelten: $W(t) \to -\infty$ bei $t \to \infty$. Man erhält also ein aus ökonomischer Sicht widersinniges Ergebnis, nach dem das Endprodukt früher oder später negativ werden müßte. Die Lösungstrajektorie ist somit langfristig nicht von den Schranken des Steuerbereiches unabhängig, sondern wird im wesentlichen durch diese Schranken bestimmt sein.

Auf Grund der Analyseergebnisse für das Problem P 4 ist nun für P 2 bei Verwendung des Zielfunktionals

$$\int_{t=0}^{t} Q(t)\,U[(1 - s(t))\,W(t)]\,dt \leftarrow \max$$

keine wesentliche Veränderung der Lösungseigenschaften zu erwarten. Insbesondere wird man eine Tendenzumkehr, wenn auch nicht unbedingt eine sprunghafte, für die Investitionspolitik erhalten, die wiederum gemeinsam mit dem Zeithorizont vor der Planungsentscheidung „hergeschoben" wird. Tatsächlich erhält man für diesen Modelltyp auch bei Verwendung einer gesellschaftlichen Nutzensfunktion die Triviallösung, daß die Akkumulationsrate maximal sein muß, solange noch freie Arbeitskräfte vorhanden sind.

3.2. *Der Begriff der Magistrale und die Magistralsteuerung*

Bei den in den nächsten beiden Abschnitten analysierten Modellen (M 2 und M 3) stößt man auf eine Lösungseigenschaft, die einer besonderen Erläuterung bedarf.

Die optimale Trajektorie des ökonomischen Wachstums gliedert sich bei diesen Modellen in drei Abschnitte: eine Anfangsphase, einen Mittelteil und eine Endphase. Die Endphase ist ähnlich wie beim Modell M 1 aus ökonomischer Sicht weitgehend belanglos, da sie gemeinsam mit dem Planungshorizont wandert und somit bei gleitender Planung nie erreicht wird. Am interessantesten ist der Mittelteil der optimalen Wachstumstrajektorie. Dieser Teil verfügt über die Eigenschaften des Abschnitts einer Schnellstraße des ökonomischen Wachstums, die hier in Übereinstimmung mit der internationalen Literatur *Magistrale* genannt werden soll.[42] Die der Magistrale entsprechende Steuerung ist dann als Magistralsteuerung (magistrale Investitions- beziehungsweise Akkumulationsrate) zu bezeichnen. Unter anderem gelten für die den Modellen M 2 und M 3 entsprechenden optimalen Wachstumstrajektorien folgende Eigenschaften:

1. Die Länge des Magistralabschnitts wächst mit Ausdehnung des Planungszeitraums, während der nichtmagistrale Teil des optimalen Wachstumspfads anteilmäßig gegen Null strebt.
2. Der Verlauf der Magistrale ist unabhängig von Anfangs- und Endbedingungen, von vorgegebenen Schranken für die Akkumulationsrate und von der Länge des Zeithorizonts.
3. Die Magistrale ist abhängig vom Verlauf des wissenschaftlich-technischen Fortschritts und von der konkreten Zielfunktion: von der Diskontrate bei Verwendung der diskontierten kumulativen Konsumtion sowie bei Verwendung einer gesellschaftlichen Nutzensfunktion von deren Parametern.
4. Die optimale Akkumulationsrate ist während der Bewegung auf der Magistrale relativ stabil. Bei M 2 und M 3 ist sie konstant, ebenso wie bei M 3 die magistrale Aussonderungsrate.

Wenn die den Anfangszustand der Ökonomie charakterisierenden Koordinaten nicht auf der Magistrale liegen, enthält die optimale Wachstumstrajektorie eine Anfangsphase, in der die Entwicklung der Wirtschaft so schnell wie möglich auf die Magistrale gelenkt wird. Liegen diese Koordinaten unterhalb der Magistrale, schreibt die Optimallösung vor, daß die Akkumulationsrate so lange maximal sein muß, bis die Magistrale erreicht ist. Umgekehrt muß die Akkumulationsrate zunächst minimal gehalten werden, wenn die Anfangskoordinaten oberhalb der Magistrale liegen. Ganz ähnlich steuert man, will man zu einer entfernt liegenden Stadt fahren, diese nicht direkt an, sondern fährt zunächst auf kürzestem Weg zur Autobahn (Magistrale).

Es erhebt sich nun folgende Frage. Handelt es sich bei dieser Lösungseigenschaft um ein rein mathematisches Phänomen, das seine Ursachen in der Unvollkommenheit der modelltheoretischen Abbildung des wirtschaftlichen Wachstumsprozesses hat, oder läßt sich dieses Magistralverhalten auch ökonomisch sinnvoll interpretieren, und ist es vielleicht in der ökonomischen Praxis zu beobachten?

Mit diesem Forschungsbericht wird die Meinung vertreten, daß es sich bei dem Magistralverhalten um eine objektive Eigenschaft optimalen ökonomischen Wachstums handelt und die Modelle M 2 und M 3 bei all ihrer Unvollkommenheit in dieser Hinsicht einen wichtigen ökonomischen Sachverhalt widerspiegeln.

Tatsächlich hat die optimale Akkumulationsrate langfristig die Tendenz, sich so zu stabilisieren, daß sie weder als zu angespannt hoch noch als extrem niedrig erscheint. Langfristig müßte die optimale Akkumulationsrate durch folgende zwei Eigenschaften charakterisiert sein.

1. Eine Erhöhung der Akkumulationsrate ist im Sinne der Maximierung der Konsumtion uneffektiv, da die hierdurch ermöglichte höhere Konsumtion in der Zukunft durch einen vergleichsweise zu hohen Konsumtionsverlust in der Gegenwart „bezahlt" werden muß.

2. Eine Senkung der Akkumulationsrate ist in diesem Sinne ebenso uneffektiv, da der hierdurch erreichte Konsumtionszuwachs in der Gegenwart durch eine zu große Einschränkung der Konsumtionsmöglichkeiten in der Zukunft „bezahlt" werden muß.

Nach dieser Definition müßte also die Optimalität der Akkumulationsrate und somit die magistrale Steuerung langfristig durch eine Art Gleichgewichtszustand charakterisiert sein. Die optimale Akkumulationsrate strebt unabhängig vom Anfangszustand der Wirtschaft langfristig gegen einen Wert, der innerhalb und nicht an den Grenzen des zulässigen Bereiches der Steuerung liegt.

Nun handelt es sich bei den Investitionen aber nicht einfach um Rücklagen für die zukünftige Konsumtion, sondern um Mittel, mit denen Menge, Zusammensetzung und technisches Niveau der Grundfonds reguliert werden. Hier sei kurz vom Technisierungsgrad der Wirtschaft gesprochen. Die bereits definierte gleichgewichtige Entwicklung der Akkumulationsrate hat ihre Entsprechung in einer optimalen und gleichgewichtigen Entwicklung des Technisierungsgrades. Sie entspricht ihrerseits einem vom Anfangszustand der Wirtschaft unabhängigen Entwicklungsverlauf des Grundfondszustandes, bei dem im Sinne der jeweiligen Zielfunktion die gegenwärtigen und zukünftigen Bedürfnisse der Konsumenten langfristig in einem optimal-ausgewogenen Verhältnis befriedigt werden können. Eben diese gleichgewichtige und optimale Entwicklung des Technisierungsgrads wird durch die Magistraltrajektorie charakterisiert. Bei einer Abweichung von dieser Trajektorie kommt es im Sinne der jeweiligen Zielfunktion entweder zu einer Übertechnisierung oder zu einer Untertechnisierung. Beides ist im Sinne der Zielfunktion langfristig gesehen uneffektiv.

Der Magistralcharakter des optimalen Wachstums würde für die Praxis bedeuten, daß Wirtschaften verschiedener Länder, wenn sie über die gleiche Zielstellung (die gleiche gesellschaftliche Zielfunktion) und über die gleiche Möglichkeiten des Zugangs zum wissenschaftlich-technischen Fortschritt (Zugang zu den gleichen modernen Fonds) verfügen, bei optimaler Entwicklung unabhängig von ihren wirtschaftlichen Anfangsbedingungen über kurz oder lang das gleiche wirtschaftliche Entwicklungsniveau erreichen müßten. Länder mit ungünstigeren Anfangsbedingungen müßten hierzu allerdings längere Zeit stärkere Investitionsanstrengungen machen.

Diese Schlußfolgerung aus der Magistraleigenschaft optimaler wirtschaftlicher Entwicklung scheint ihre volle Entsprechung in der Realität zu haben. Denke man nur an die Forderung, die Entwicklungsniveaus der sozialistischen Länder einander anzugleichen. Sie folgt entsprechend den magistralen Wachstumsmodellen zwangsläufig aus der Forderung nach optimaler Entwicklung der Wirtschaften dieser Länder. Auch die Tatsache, daß Entwicklungsländer alle Anstrengungen unternehmen, um das Entwicklungsniveau ihrer Wirtschaften dem der industrialisierten Länder anzugleichen, wobei zwangsläufig zunächst bei angespannter Akkumulation das Wachstum der Konsumtion reduziert werden muß, ist ein Ausdruck für das Streben nach Optimalität der wirtschaftlichen Entwicklung, die hier offensichtlich Magistralcharakter hat.

Die Magistrale ist der zentrale Begriff der modernen ökonomisch-mathematischen Theorie des optimalen Wachstums. Die Magistraltheorie entstand im Zusammenhang mit der Analyse von Optimierungsvarianten des „Neumannschen Modells der sich erweiternden Ökonomie“[43], auf das in dieser Arbeit nicht eingegangen wird. Später wies man Magistraleigenschaften für eine Vielzahl von Reproduktionsmodellen nach. Ausführlich wurde in der Literatur der Modelltyp M 2 behandelt. Eine Analyse des Modelltyps M 3 und der Nachweis seiner Magistraleigenschaft ist aus der Literatur nicht bekannt. Die hier dargelegten Untersuchungen haben gezeigt, daß eine notwendige Voraussetzung für Magistraleigenschaften bei einsektoralen makroökonomischen Optimalsteuermodellen die Erfassung des Arbeitskräftepotentials und der Arbeitsproduktivität ist.

Der Nachweis des Magistralcharakters der effektiven Trajektorie bei Modellen vom Neumannschen Typ ist in der Regel wesentlich komplizierter als bei hochaggregierten Modellen vom Typ M 2 oder M 3.[44] Eine umfangreiche mathematisch-ökonomische Literatur zu dieser Problematik hat dazu beigetragen, daß der Magistralbegriff bei vielen Ökonomen oft nur im Zusammenhang mit dem Neumannschen Modell bekannt ist.[45]

Um beim Leser, der sich mit den Lösungseigenschaften der Modelle M 2 und M 3 vertraut gemacht hat, keine falsche Vorstellung von der ökonomisch-mathematischen Magistraltheorie zu hinterlassen, muß man noch auf folgenden Umstand hinweisen. Bei M 2 und M 3 handelt es sich um Modelle mit sogenannter strenger Magistraleigenschaft. Das heißt, die Magistrale, analog zu einer realen Autobahn, wird auf kürzestem Wege angesteuert und dann direkt „befahren“. Eine Magistrale des ökonomischen Wachstums verfügt aber über etwas andere Eigenschaften. Die Fortbewegungsbedingungen, das heißt die Bedingungen für das ökonomische Wachstum, verbessern sich mit zunehmender Nähe zur Magistrale. Hieraus folgt, daß auch eine Bewegung in der Nähe der Magistrale sehr gut im

Sinne eines effektiven ökonomischen Wachstums sein kann. Die Magistrale ist daher eher zu vergleichen mit einer Talsohle, wobei sich die Fortbewegungsbedingungen mit zunehemender Entfernung von dieser Talsohle auf Grund der immer steiler werdenden Hänge verschlechtern.

Der optimale Wachtumspfad kann deshalb bei Modellen mit Magistraleigenschaft auch folgenden Verlauf haben (vgl. Abbildung 3).

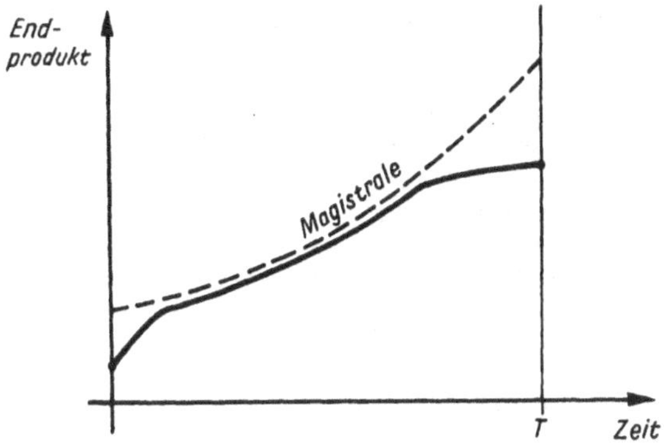

Abbildung 3: Optimaler Wachstumspfad bei vorgegebenen Randwerten in einem Modell mit „nichtstrenger" Magistraleigenschaft

Magistraleigenschaften dieser Art sind bei ökonomischen Wachstumsmodellen, insbesondere bei mehrsektoralen, wahrscheinlich häufiger als die strenge Magistraleigenschaft. Das Bestimmen der optimalen Trajektorie ist bei diesen Modellen mathematisch wesentlich komplizierter als bei Modellen mit strenger Magistraleigenschaft.

Ob eine Magistrale existiert und wie ihr Verlauf ist, läßt sich nach der bei diesen Untersuchungen gesammelten Erfahrung bei Differentialgleichungsmodellen mit strenger Magistraleigenschaft mit Hilfe der Variationsrechnung ermitteln. Allerdings sind die Randbedingungen, speziell die Anfangsbedingungen, der Problemstellungen in der Regel nicht so, daß ihnen die Magistralsteuerung genügt. Um die optimale Steuerung zu bestimmen, die von der Anfangsbedingung hin zur Magistrale und gegen Ende des Planungszeitraums von der Magistrale weg zur Endbedingung führt, ist formell die Anwendung des Pontrjaginschen Maximumprinzips erforderlich. Da man aber weiß, daß die nichtmagistrale Steuerung bei Modellen mit strenger Magistraleigenschaft immer an den Grenzen des zulässigen Steuerbereiches entlang verläuft, läßt sich die (optimale) Gesamtlösung bei diesen relativ einfachen und übersichtlichen Aufgaben oft weniger arbeitsaufwendig durch

Variantennumeration oder eventuell auch durch heuristische Methoden ermitteln.

3.3. *Beispiel für ein makroökonomisches Steuermodell mit substitutionaler Produktionsfunktion, das über magistrale Lösungseigenschaften verfügt*[46]

Zu den in Abschnitt 3.1. eingeführten Symbolen treten neu hinzu:

$L(t)$	– Arbeitskräfteressourcen,
ϱ	– Koeffizient des technischen Fortschritts,
η	– Zuwachsrate des Arbeitskräftebestands,
α	– Elastizitätskoeffizient der Grundfonds,
β	– Elastizitätskoeffizient der Arbeitskräfte,
$g(t) = \frac{G(t)}{L(t)}$	– Grundfonds je Arbeitskraft (Grundfondsausstattung),
$c(t) = \frac{C(t)}{L(t)}$	– Konsumtion je Arbeitskraft,
g_0	– Grundfondsbestand je Arbeitskraft im Basisjahr,
$\bar{g}$	– am Ende des Planungszeitraums geforderter Mindestbestand an Grundfonds je Arbeitskraft,
$F^*(t)$	– optimale Trajektorie von $F(t)$ } Kennzeichnung von optimalen Trajektorien
$F^M(t)$	– Magistrale von $F(t)$ } und Magistralen.

Beschreibung des Modells *M 2*:
Dem Modell liegen folgende funktionale Beziehungen zur Abbildung des volkswirtschaftlichen Reproduktionsprozesses zugrunde. Eine linear-homogene Cobb-Douglas-Funktion mit technischem Fortschritt zur Beschreibung des Aufkommens an Endprodukt:

$$W(t) = e^{\varrho t} G(t)^{\alpha} L(t)^{\beta}, \quad \alpha + \beta = 1, \quad \alpha \geqq 0, \quad \beta \geqq 0. \tag{12}$$

Verteilungsrelation für das Endprodukt:

$$W(t) = I(t) + C(t).$$

Aus

$$s = I/W$$

folgt

$$I(t) = s(t)\, W(t) \tag{13}$$

und

$$C(t) = [1 - s(t)]\, W(t). \tag{14}$$

Grundfondsgleichung:

Der Zuwachs des Grundfondsbestandes ist gleich den Bruttoinvestitionen minus den ausgesonderten Grundfonds

$$G'(t) = I(t) - \mu G(t).$$

Hieraus und aus (12) und (13) folgt

$$G'(t) = s(t)\, e^{\varrho t} G(t)^{\alpha} L(t)^{\beta} - \mu G(t). \tag{15}$$

Für das Arbeitskräftepotential wird ein exponentielles Wachstum angenommen

$$L'(t) = \eta L(t). \tag{16}$$

Dividiert man Gleichung (15) beiderseitig durch L und verwendet die Beziehung

$$g'(t) = \left(\frac{G(t)}{L(t)}\right)' = \frac{G'(t)\,L(t) - L'(t)\,G(t)}{L(t)^2} = \frac{G'(t)}{L(t)} - \eta g(t),$$

erhält man unter Benutzung der entsprechenden Symbole

$$g'(t) = s(t)\, e^{\varrho t} g(t)^{\alpha} - (\mu + \eta)\, g(t) \tag{17}$$

als Bewegungsgleichung für die Grundfondsausstattung.
Ferner folgt aus (12) und (14)

$$\frac{C(t)}{L(t)} = c(t) = [1 - s(t)]\, e^{\varrho t}\, g(t)^{\alpha}.$$

Zur Charakteristik der spezifischen Eigenschaften des Modells ist folgendes zu sagen. Das Modell M 2 bildet den Typ einer intensiv erweiterten Reproduktion ab. Es setzt die Ausschöpfung des Arbeitskräftepotentials voraus und berücksichtigt den wissenschaftlich-technischen Fortschritt. Der wissenschaftlich-technische Fortschritt erscheint hierbei als neutral, das heißt, er kann nicht eindeutig der Erhöhung der Arbeitsproduktivität oder der Erhöhung der Grundfondseffektivität zugeordnet werden. Ferner besteht eine substitutionale Produktionsfunktion (12), das heißt, es gibt hier keine fixierte quantitative Zuordnung von Grundfonds und Arbeitskräften, beide Faktoren erscheinen als unmittelbar substituierbar. Die Aussonderungsrate ist exogen vorgegeben, sie ist also nicht frei variierbar und charakterisiert somit im wesentlichen den materiellen Verschleiß der Grundfonds.

Stellt man das Ziel, die kumulative diskontierte Pro-Kopf-Konsumtion[47] über einen Zeitraum von 0 bis T unter Berücksichtigung von Randbedingungen für den Grundfondsbestand und Schranken für die Bruttoinvestitionsrate zu maximieren, ergibt sich hieraus folgende Optimalsteueraufgabe.

P 5: Gesucht ist die Steuerung $s(t)$, die unter der Bedingung (17) und unter den Bedingungen

$$\underline{s} \leqq s(t) \leqq \bar{s}, \tag{18}$$

$$g(0) = g_0, \qquad g(T) \geqq \bar{g} \tag{19}$$

das Funktional

$$\int_{t=0}^{T} e^{-\delta t}[1 - s(t)]\, e^{\varrho t} g(t)^{\alpha}\, dt \tag{20}$$

maximiert.

Freie Variable, also nicht exogen vorgegebene, sind $s(t)$ als Steuerparameter und $g(t)$ als Phasenkoordinate.

Zunächst soll untersucht werden, ob die Lösung des Problems P 5 einen Magistralteil im strengen Sinne beinhalten kann. Hierzu wird versucht, P 5 unter Nichtbeachtung der Bedingungen (18) und (19) zu lösen. Das nun gestellte Problem läßt sich als Aufgabe der Variationsrechnung formulieren, indem man (17) nach $s(t)$ auflöst und den für $s(t)$ erhaltenen Ausdruck in den Integranden von (20) einsetzt.

P 6: Gesucht ist ein stetig differenzierbares $g(t)$, $t \in [0, T]$, das die Funktion

$$\int_{t=0}^{T} e^{-\delta t}[e^{\varrho t} g(t)^{\alpha} - g'(t) - (\mu + \eta)\, g(t)]\, dt$$

maximiert.

Die diesem Zielfunktional entsprechende Euler-Lagrange-Differentialgleichung, bei der es sich hier gewissermaßen um eine „Differentialgleichung 0-ten Grades" handelt, lautet konkret:[48]

$$e^{-\delta t}[\alpha e^{\varrho t} g(t)^{\alpha - 1} - (\mu + \eta)] - \delta e^{-\delta t} = 0\,.$$

Als eindeutige Lösung dieser Gleichung erhält man

$$g^M(t) = \left(\frac{\alpha e^{\varrho t}}{\delta + \mu + \eta}\right)^{1/\beta}. \tag{21}$$

Das ist tatsächlich die Magistrale der optimalen Trajektorie für die Grundfondsausstattung.

Die entsprechende Magistralsteuerung erhält man durch Einsetzen von (21) in die Gleichung (17):

$$s^M(t) = \left(\frac{\varphi}{\beta} + \mu + \eta\right) \frac{\alpha}{\delta + \mu + \eta}\,. \tag{22}$$

Die Magistralsteuerung ist, wie auch theoretisch zu erwarten war, zeitlich konstant. Aus (22) lassen sich unter anderem folgende Aussagen ableiten:

1. Die gleichgewichtige (magistrale) Investitionsrate muß um so größer sein, je größer der technische Fortschritt ist.
2. Die gleichgewichtige Investitionsrate muß um so kleiner sein, je größer die Diskontrate ist.

Bei der Anwendung der Variationsrechnung zur Lösung von P 6 wurde implizit vorausgesetzt, daß die Lösungstrajektorie stetig differenzierbar sei. Läßt man diese Voraussetzung fallen, bleibt zwar (21) die optimale Lösung des Problems P 6 für den Zeitabschnitt $[0, T]$, im Zeitpunkt T erhält man jedoch keine endliche, ökonomisch interpretierbare Lösung mehr. Hieraus folgt, daß die Magistrale (21) und die Magistralsteuerung (22) nicht das Problem P 5 lösen, selbst wenn die Bedingungen (18) und (19) für g^M und s^M erfüllt sind. Tatsächlich müßte man, um optimal zu steuern, in diesem Fall die Magistrale mit $s(t) = \underline{s}$, wenn $\bar{g} < g^M(T)$, oder mit $s(t) = \bar{s}$, wenn $\bar{g} > g^M(T)$, noch vor Erreichen des Zeithorizontes verlassen (vgl. Abbildungen 4 und 5).

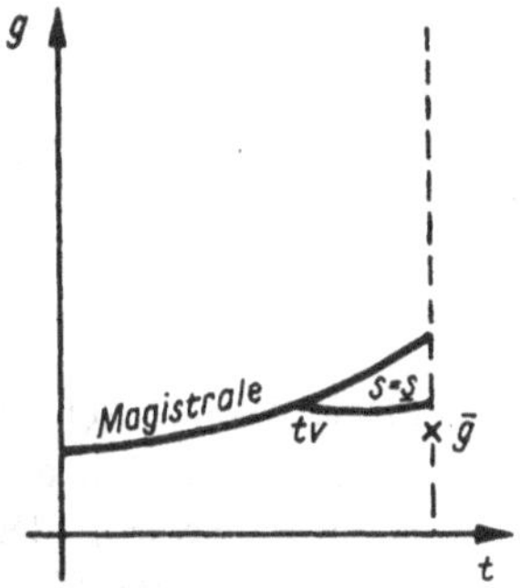

Abbildung 4: Endphase bei $\bar{g} < g^M(T)$

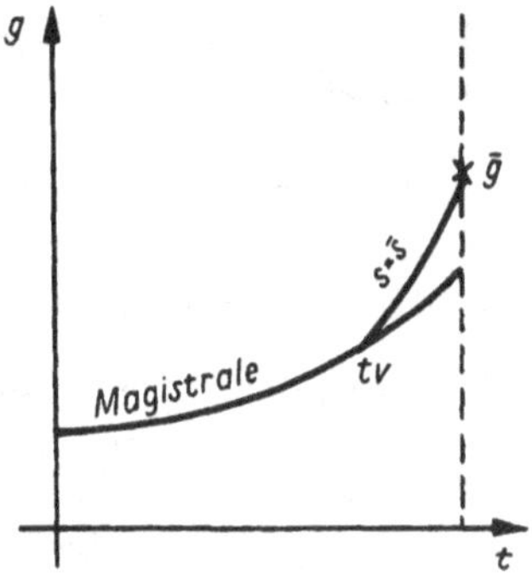

Abbildung 5: Endphase bei $\bar{g} > g^M(T)$

Wenn $\bar{g} < g^M(T)$, gilt am Ende der Planungsperiode entweder $g(T) > \bar{g}$ oder $g(T) = \bar{g}$. Letztere ist der Fall, wenn $\bar{g}$ nicht zu weit unter dem Magistralwert $g^M(T)$ liegt. Gilt $g(T) > \bar{g}$, hätte die Restriktion $g(T) \geqq \bar{g}$ von vornherein unberücksichtigt bleiben können. Bei $\underline{s} = 0$ würde dann die Magistrale verlassen zum Zeitpunkt[49]

$$t_v = T - \frac{\ln(\delta + \mu + \eta) - \ln[\varphi + \beta(\mu + \eta)]}{\alpha(\mu + \eta) + \delta - \varphi}.$$

Am Ende des Planungshorizontes gilt dann

$$g(T) = \left[e^{\varrho T}\frac{\alpha}{\delta + \mu + \eta}\right]^{1/\beta}\left[\frac{\varrho + (\mu + \eta)\beta}{\delta + \mu + \eta}\right]^{\frac{\varrho + \beta(\mu + \eta)}{\beta[(\mu + \eta)\alpha + \delta - \varrho]}}$$

Nur wenn $\bar{g}$ bei $\underline{s} = 0$ nicht kleiner als dieser Wert ist, gilt am Ende des Planungshorizontes $g^*(T) = \bar{g}$. Bei Realisierung des Wertes $\bar{g}$ wird die Magistrale verlassen zum Zeitpunkt (bei allgemeinem $\underline{s}$ ($\underline{s} \leqq s^M$))

$$t_v = \frac{(\mu + \eta)\beta T + \ln\left[\bar{g}^{\beta} - \frac{\beta\underline{s}}{\varphi + \beta(\mu + \eta)}e^{\varrho T}\right] - \ln\left[\frac{\alpha}{\delta + \mu + \eta} - \frac{\beta\underline{s}}{\varrho + \beta(\mu + \eta)}\right]}{\varrho + \beta(\mu + \eta)}.$$

Vorausgesetzt, der letztere Fall ($\bar{g}^*(T) = \bar{g}$) trifft jeweils zu (offensichtlich gilt das aber auch für den Fall $g^*(T) > \bar{g}$), wird die Magistrale um so eher verlassen, je kleiner die Differenz $s^M - \underline{s}$ ist (vgl. Abbildung 6).

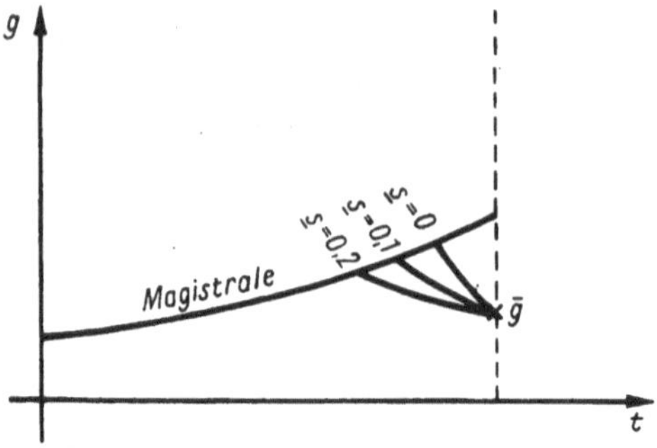

Abbildung 6: Abbhängigkeit der Endphase von $\underline{s}$

Im übrigen ist die Endphase der optimalen Trajektorie ökonomisch von geringem Interesse, da man bei gleitender Planung diese gemeinsam mit dem laufenden Planungshorizont T vor sich herschiebt und somit nie erreicht. Deshalb ist es auch zulässig, diese Probleme mit unendlichem Zeithorizont und ohne Endbedingung zu stellen. Bei optimaler Steuerung würde dann die einmal erreichte Magistrale nicht mehr verlassen.

Nun soll die Anfangsphase der optimalen Steuerung betrachtet werden. Gilt $g_0 < g^M(0)$, muß am Anfang solange die Steuerung $s(t) = \bar{s}$ (maximal-mögliche Investitionsrate) angewendet werden, bis die Magistrale erreicht ist, wo dann auf die Magistralsteuerung umgeschaltet wird. Umgekehrt, wenn $g_0 > g^M(0)$, investiert man bis zum Erreichen der Magistrale minimal, $s(t) = \underline{s}$ (vgl. Abbildungen 7 und 8).

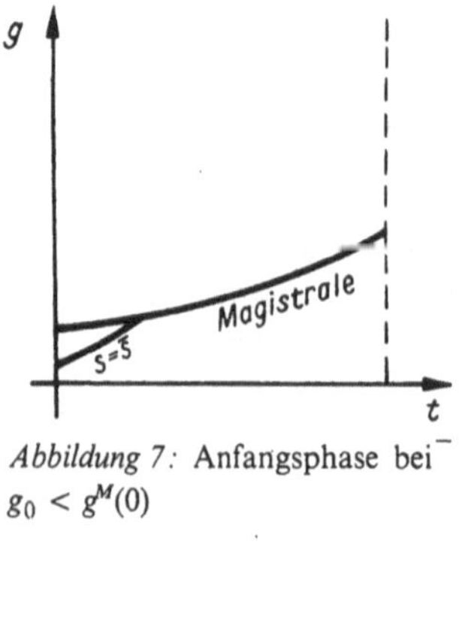

Abbildung 7: Anfangsphase bei $g_0 < g^M(0)$

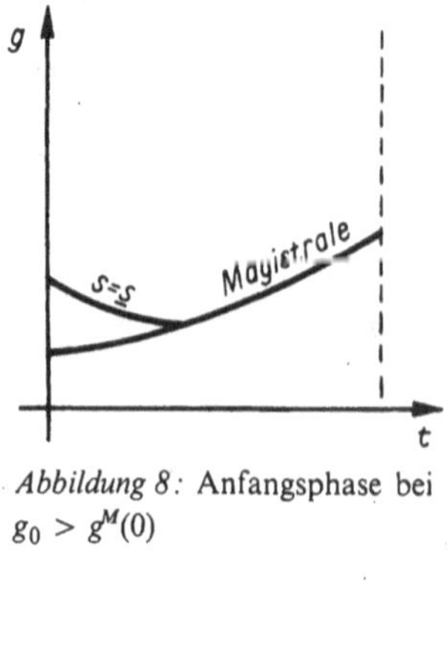

Abbildung 8: Anfangsphase bei $g_0 > g^M(0)$

Bei Vorgabe konstanter Schranken $\underline{s}$ und $\bar{s}$ ist die optimale nichtmagistrale Steuerung, die gleich einer dieser beiden Werte ist, ebenfalls konstant, $s(t) = \hat{s}$. Die entsprechende Trajektorie für $g(t)$ läßt sich durch Lösen der Differentialgleichung (17) mit $s(t) = \hat{s}$ ermitteln.[50] Die Lösung lautet unter Beachtung $\beta = 1 - \alpha$:

$$g(t, \hat{s}) = e^{-(\mu + \eta)t} \left[C + \frac{\beta \hat{s}}{\varrho + \beta(\mu + \eta)} e^{[\varrho + \beta(\mu + \eta)]t} \right]^{1/\beta} . \tag{23}$$

Den nichtmagistralen Trajektorienteil für $g(t)$ erhält man aus (23) durch Einsetzen von $\underline{s}$ beziehungsweise $\bar{s}$ für $\hat{s}$ unter Verwendung der jeweils erforderlichen Randbedingung ($g(0) = g_0$ in der Anfangsphase und $g(T) = \bar{g}$ in der Endphase).

Das mathematisch exakte Lösungsverfahren für das Problem P 5 ist allerdings komplizierter und erfolgt unter Anwendung des Pontrjaginschen Maximumprinzips. Hier werden nur die notwendigen Optimalitätsbedingungen für P 5 formuliert und die der Steueraufgabe P 5 entsprechende Hamiltonfunktion verwendet:

$$H[\Psi(t), g(t), t] = [1 - s(t)]\, e^{(\varrho - \delta)t} g(t)^{\alpha} +$$
$$+ \Psi(t) \left[s(t)\, e^{\varrho t} g(t)^{\alpha} - (\mu + \eta)\, g(t) \right] .$$

Optimalitätsbedingung: Ist der Plan $g(t)$, $s(t)$ $(0 \leqq t \leqq T)$ optimal, existiert eine stetige Funktion $\psi(t)$, daß bei Erfüllung der Bedingungen (17) und (19) gilt:

1. $$\frac{d\Psi}{dt} = -\frac{\partial H}{\partial g} ,$$

2. $s(t)$ maximiert die Hamiltonfunktion unter der Bedingung (18) und der Transversalitätsbedingung $\psi(T)\, [g(T) - \bar{g}] = 0$.

Setzt man $\psi(t) = p(t) e^{-\delta t}$, läßt sich $p(t)$ ökonomisch interpretieren als Trajektorie der „objektiv bedingten Bewertung“ („Schattenpreistrajektorie“) des Grades der Grundfondsausstattung. Das heißt, der Wert des Zielfunktionals erhöht sich um $p(t)$, wenn zum Zeitpunkt t die Grundfondsausstattung je Arbeitskraft um eine Einheit erhöht wird, vorausgesetzt natürlich, daß die Grundfondserhöhung keine Kosten verursacht, wie zum Beispiel Investitionsausgaben zu Lasten des Konsumtionsfonds. Es handelt sich hier also um eine „Leihbewertung“ im Sinne von Kantorovič.[51]

Ein entsprechendes Bewertungssystem läßt sich auch auf die anderen endogenen ökonomischen Parameter des Modells M 2 übertragen.

Abschließend soll kurz auf die Problematik der Anwendung einer gesellschaftlichen Nutzensfunktion für diesen Modelltyp eingegangen werden. In der Regel läßt sich bei Anwendung einer Nutzensfunktion als Integrand der Zielfunktion die Lösung der entsprechenden Euler-Lagrange-Differentialgleichung (vgl. P 6) nicht mehr geschlossen darstellen. Der Existenzbeweis für die Eindeutigkeit der

Lösung und die Ermittlung einer Magistrale sind daher mathematisch gesehen recht schwierig. Für den Spezialfall, wenn man vom technischen Fortschritt abstrahiert ($\varrho = 0$), hat das Problem

$$\int_{t=0}^{T} e^{-\delta t} U(g^{\alpha} - g' - (\mu + \eta) g) \, dt - \max$$

die gleiche Lösung wie P 6 bei $\varrho = 0$. Die Magistrale ist dann völlig unabhängig von monoton-wachsenden Transformationen der Nutzensfunktion U.

Bei der Einschätzung des Ansatzes überhaupt muß man in Rechnung stellen, daß die Voraussetzungen, auf denen das Modell aufbaut, sehr grob sind und nur eine stark vereinfachte Abbildung der realen ökonomischen Zusammenhänge zulassen. Besondere Probleme wirft die Aufkommensbeziehung in Form einer aggregierten Produktionsfunktion auf. Das betrifft vor allem die Vernachlässigung qualitativer Aspekte des volkswirtschaftlichen Reproduktionsprozesses beziehungsweise ihre Erfassung unabhängig von der Grundfonds- und Arbeitskräfteentwicklung, die lineare Homogenität und die Annahme einer kontinuierlichen Substituierbarkeit zwischen lebendiger und vergegenständlichter Arbeit. Dazu kommen dann noch die, zumindest bei Verwendung von Zeitreihen, erheblichen mathematisch-statistischen Schwierigkeiten bei der Schätzung multipler Funktionen.

Einige der aufgezeigten Probleme lassen sich sicher umgehen, wenn anstelle der Produktionsfunktion (12) eine andere substitutionale Produktionsfunktion verwendet wird oder wenn bestimmte Annahmen, die nicht notwendigerweise in Verbindung mit Cobb-Douglas-Funktionen stehen, fallengelassen werden. Die grundlegenden Aussagen dieses Punktes bleiben dabei erhalten.

3.4. Modell zur optimalen Steuerung der Arbeitsproduktivität

Es folgt nun der Vorschlag für ein Modell *M 3*, das ebenfalls den Typ der intensiv erweiterten Reproduktion abbildet. Im Modell wird die Tatsache berücksichtigt, daß die Steigerung der Arbeitsproduktivität vom Umfang der neueingeführten „moderneren" Grundfonds abhängt. Der technische Fortschritt wird somit als die an den jeweils neuesten Grundfonds gebundene Arbeitsproduktivität definiert, wobei die Grundfondsquote hierbei als zeitlich weitgehend konstant betrachtet wird. Eine solche endogene Erfassung bestimmter Wirkungen des technischen Fortschritts ist natürlich wesentlich realistischer als die exogene Vorgabe einer Wachstumsrate für den technischen Fortschritt beziehungsweise die Schätzung des technischen Fortschritts als Restgröße. Die Parameter des Modells sind so gewählt, daß sie sich auf Grund der in der DDR vorhandenen Statistik der volkswirtschaftlichen Entwicklung (Statistische Jahrbücher) relativ leicht ermitteln lassen.

Bei dem Modell M 3 handelt es sich um eine Erweiterung des Modells M 1. Zu den im Modell M 1 benutzten Symbolen (S. 32) treten neu hinzu:

$w = W/L$ — durchschnittliche Arbeitsproduktivität bezüglich des Endprodukts,

$b(t)$ — die an die neuinvestierten Grundmittel gebundene Arbeitsproduktivität.
Bei der Analyse wurde für $b(t)$ eine Exponentialfunktion:
$b(t) = b_0 e^{\beta t}$ verwendet (β bedeutet hier: Zuwachsrate von b).
Die Funktion $b(t)$ charakterisiert den technischen Fortschritt und β den Koeffizienten des technischen Fortschritts.

k_2 — Korrekturfaktor ($0 \leqq k_2 \leqq 1$).
Er charakterisiert das Verhältnis zwischen der an die jeweils ausgesonderten Grundfonds gebundenen Arbeitsproduktivität zur Produktivitätskennziffer $w(t)$.

Ferner werden mit der gleichen Bedeutung wie im Modell M 2 die Symbole L, η und c (vgl. S. 44) verwendet.
Zu den Restriktionen des Modells M 1 treten neu hinzu:

$$W(t) = w(t)\, L(t)\,. \tag{24}$$

Mit (24) wird also Vollbeschäftigung vorausgesetzt. Das ist gerechtfertigt, da entsprechend dem Modell eine Konsumtionsmaximierung nur bei Vollbeschäftigung zu realisieren ist.[52]

Außerdem muß man berücksichtigen, daß die Investitionsmöglichkeit durch die Anzahl der Arbeitskräfte beschränkt ist, die an die neuinvestierten Grundmittel gebunden werden können. Diese Anzahl ist gleich dem Zuwachs der Arbeitskräfte $L'(t)$ plus der Menge der durch die Aussonderung freigesetzten Arbeiter. Letztere ist gleich

$$\frac{\mu(t)\, \bar{a}(t)\, G(t)}{k_2 w(t)}$$

beziehungsweise bei Verwendung der Beziehungen (3) und (24)

$$\frac{\mu(t)\, L(t)}{k_2}.$$

Aus der Annahme, daß diese Arbeitskräfteanzahl und der Arbeitskräftezuwachs $L'(t)$ an die neueingeführten Grundmittel gebunden wird, folgt

$$b(t)\left[L'(t) + \frac{\mu(t)}{k_2} L(t)\right] = a(t)\, I(t)\,. \tag{25}$$

Im Unterschied zu M 2 ist also in M 3 das quantitative Verhältnis zwischen Grundfonds und Arbeitskräften für ein gegebenes technisches Niveau fixiert. Arbeitskräfte und Grundfonds sind hier nur mittelbar, durch Wirken des technischen Fortschritts, substituierbar.

Damit das Restriktionssystem des Modells weiterhin einen Freiheitsgrad hat, ist von nun ab die Grundfondsaussonderungsrate $\mu(t)$ als freivariierbare (nicht-exogene) Variable[53] zu betrachten. Das macht erforderlich, auch für $\mu(t)$ ökonomisch begründete obere und untere Schranken zu berücksichtigen:

$$\underline{\mu} \leqq \mu(t) \leqq \bar{\mu} . \tag{26}$$

Die Aussonderungsrate charakterisiert in diesem Modell im wesentlichen den moralischen Verschleiß der Grundfonds, während die untere Schranke den materiellen Verschleiß abbildet. Die Aussonderung über diese Größe hinaus $(\mu - \bar{\mu})$ wird deshalb vorgenommen, um die an veraltete Grundfonds gebundenen Arbeitskräfte für die Arbeit mit neuen und im Sinne der Zielfunktion effektiveren Fonds freizusetzen.

Im Unterschied zum Modell M 1 wird ähnlich wie beim Modell M 2 nicht die Gesamtkonsumtion, sondern die Konsumtion je Arbeitskraft in den Integranden der Zielfunktion eingesetzt.

Nimmt man $k_1 = 1$ und berücksichtigt für die Trajektorie der Arbeitsproduktivität $w(t)$ Anfangs- und Endbedingungen, läßt sich die Aufgabenstellung zunächst auf folgendes Problem reduzieren (vgl. P 2, S. 34).

P 7: Gesucht ist $s(t)$, das unter den Bedingungen

$$W'(t) = [as(t) - \mu(t)]\, W(t)\,, \tag{27}$$

$$b(t)[L'(t) + k_2^{-1}\mu(t)\, L(t)] = as(t)\, W(t)\,, \tag{28}$$

$$\underline{s} \leqq s(t) \leqq \bar{s}\,, \tag{6}$$

$$\underline{\mu} \leqq \mu(t) \leqq \bar{\mu}\,, \tag{26}$$

$$w(0) = w_0\,, \tag{29}$$

$$w(T) \geqq \bar{w} \tag{30}$$

die Funktion

$$\int_{t=0}^{T} e^{-\delta t} c(t)\, dt$$

maximiert.

Es wird wiederum ein exponentielles Wachstum für die Arbeitskräfteanzahl vorausgesetzt:[54]

$$L(t) = L_0 e^{\eta t}$$

beziehungsweise

$$L'(t) = \eta L(t)\,.$$

Teilt man die Gleichungen (27) und (28) durch L und setzt $W/L = w$, erhält man unter Verwendung von

$$\frac{W'(t)}{L(t)} = w'(t) + \eta w(t) \qquad \text{und} \qquad c(t) = [1 - s(t)]\, w(t)$$

schließlich das Problem P 8.

P 8:

$$\int_{t=0}^{T} e^{-\delta t}[1 - s(t)]\, w(t)\, dt \to \max\,, \tag{31}$$

$$w'(t) = [as(t) - \mu(t) - \eta]\, w(t)\,, \tag{32}$$

$$b(t)\,[\eta + k_2^{-1}\mu(t)] = as(t)\, w(t)\,; \tag{33}$$

$$\underline{s} \leqq s(t) \leqq \bar{s}\,, \tag{6}$$

$$\underline{\mu} \leqq \mu(t) \leqq \bar{\mu}\,, \tag{26}$$

$$w(0) = w_0\,, \tag{29}$$

$$w(T) \geqq \bar{w}\,. \tag{30}$$

Es ist zu beachten, daß k_2 genaugenommen abhängig ist von der Höhe der Aussonderung. Das kann man durch ein iteratives Verfahren berücksichtigen (vgl. S. 55). Zunächst ist aber, um die Analyse des Modells zu vereinfachen, k_2 gleich 1 zu setzen. Das bedeutet, den eben ausgesonderten Grundmitteln die durchschnittliche Arbeitsproduktivität der noch in der Produktion vorhandenen zuzuordnen. Durch diese Voraussetzung kommt es zu einer gewissen Verzerrung bei der Abbildung der ökonomischen Realität. Die prinzipiellen Lösungseigenschaften des Modells (Magistralcharakter) werden jedoch nicht berührt. Für den Fall $k_2 \neq 1$ werden die Magistralen des Modells auf S. 55 zusammenfassend gegeben.

Nun gilt es, mit Hilfe der Variationsrechnung die Magistralen zu ermitteln. Hierfür ist das Problem P 8 zu lösen, wobei die Restriktionen (6), (26), (29) und (30) unberücksichtigt bleiben und zusätzlich gefordert wird, daß $w(t)$ stetig differenzierbar sei.[55]

Aus den Gleichungen (32) und (33) folgt (bei $k_2 = 1$)

$$s(t) = \frac{w'(t)}{w(t)\, a(t) \left(1 - \dfrac{w(t)}{b(t)}\right)}\,. \tag{34}$$

Aus (31) und (34) erhält man das für die Magistralenermittlung benötigte Problem der Variationsrechnung.

P 9:

$$\int_{t=0}^{T} e^{-\delta t} \left[w(t) - \frac{w'(t)}{a(t)\left[1 - \dfrac{w(t)}{b(t)}\right]} \right] dt \to \max\,. \tag{35}$$

Die diesem Problem entsprechende Euler-Lagrange-Differentialgleichung lautet konkret:

$$e^{-\delta t}\left[1-\frac{w'\frac{a}{b}}{\left(a-\frac{a}{b}w\right)^2}\right]-e^{-\delta t}\frac{\delta}{a-\frac{a}{b}w}-e^{-\delta t}\frac{a'-\left(\frac{a}{b}\right)'w-w'\frac{a}{b}}{\left(a-\frac{a}{b}w\right)^2}=0. \tag{36}$$

Wie man sieht, entfallen auch hier die ersten Ableitungen von w, während in der Gleichung keine zweiten Ableitungen auftreten. Somit ist die Lösung der Gleichung in dem Sinne eindeutig, daß sie keine Parameterkonstanten enthält. Sind die ökonomischen Prämissen des Modells weitgehend richtig, wird also die Lösung von (36) die Magistrale der durchschnittlichen Arbeitsproduktivität sein.

Vorausgesetzt, die Arbeitsproduktivität und die Grundfondseffektivität der neuinvestierten Grundfonds entwickeln sich exponentiell, $b(t) = b_0 e^{\beta t}$, $a(t) = a_0 e^{\alpha t}$, lautet die Lösung von (36):

$$w^M(t) = b(t)\left[1+\frac{(\beta-\alpha-\delta)-\sqrt{(\beta-\alpha-\delta)^2+4\beta a(t)}}{2a(t)}\right]. \tag{37}$$

Genaugenommen hat die Gleichung (36) noch eine zweite Lösung, die sich von (37) dadurch unterscheidet, daß der Wurzelausdruck ein positives Vorzeichen hat. Diese zweite Lösung ist aber für das Modell unerheblich. Sie würde für die ökonomisch unrealistische Voraussetzung gelten, daß die an die Neuinvestitionen gebundene Arbeitsproduktivität $b(t)$ auf der Magistrale ständig niedriger ist als die durchschnittliche Arbeitsproduktivität $w(t)$. Für realistische Daten liegt diese „zweite Magistrale" außerhalb des zulässigen Lösungsbereiches der Aufgabe P 9.

Wie bereits erwähnt wurde, kann man auf Grund der statistischen Angaben über die Grundfondseffektivitätsentwicklung der DDR die Funktion $a(t)$ als konstant betrachten: $a = \text{const.}$, $\alpha = 0$. In diesem Falle erhält man für die Magistrale der durchschnittlichen Arbeitsproduktivität die Funktion

$$w^M(t) = b(t)\left[1+\frac{(\beta-\delta)-\sqrt{(\beta-\delta)^2+4\beta a}}{2a}\right]. \tag{38}$$

Die Magistralen für die Bruttoinvestitionsrate und die Aussonderungsrate, sie resultieren aus den Gleichungen (32), (33) und (38), lauten in diesem Fall:

$$s^M(t) = \frac{2\beta}{\sqrt{(\beta-\delta)^2+4\beta a}-(\beta-\delta)}, \tag{39}$$

$$\mu^M(t) = \frac{2a}{\sqrt{(\beta-\delta)^2+4\beta a}-(\beta-\delta)}\cdot\beta-\eta$$

beziehungsweise

$$\mu^M(t) = as^M - \beta - \eta\,. \tag{40}$$

Es handelt sich, wie theoretisch zu erwarten war, um konstante Größen. Eine Vorstellung von der Größenordnung dieser Magistralwerte erhält man, wenn man von dem in etwa realistischen Datensatz $\beta = 0{,}03$; $\delta = 0{,}05$; $\eta = 0{,}02$ und $a = 0{,}4$ ausgeht. Danach beträgt nach vorliegenden Berechnungen die magistrale Investitionsrate 25 Prozent und die magistrale Aussonderungsrate 5 Prozent.

Die entsprechenden Magistraltrajektorien bei $a = \text{const.}$ und $0 < k_2 < 1$ lauten:

$$w^M(t) = \frac{b(t)}{k_2}\left[1 + \frac{(\beta - \delta) - \sqrt{(\beta - \delta)^2 + 4[\beta - (1 - k_2)\eta]\,a}}{2a}\right], \tag{38'}$$

$$s^M(t) = \frac{\beta}{a \quad 1 - \dfrac{1}{k_2}\left[1 + \dfrac{(\beta - \delta) - \sqrt{(\beta - \delta)^2 + 4[\beta - (1 - k_2)\eta]\,a}}{2a}\right]}\,. \tag{39'}$$

Die magistrale Aussonderungsrate μ^M läßt sich auch hier über (40) ermitteln.

Wie bereits erwähnt wurde, ist k_2 selbst abhängig von der Höhe der Aussonderung. Ist diese Abhängigkeit in irgendeiner Form (Tabelle, analytische Funktion) bekannt, läßt sich die Magistrale nach folgendem Algorithmus iterativ ermitteln.

Schritt 1: Für ein vorgegebenes $k_2(1)$ bestimme man s^M und μ^M über (39') und (40).

Schritt 2: Auf Grund der errechneten Aussonderungsrate μ^M und der vorhandenen Vorschrift ermittelt man das dazugehörige neue $k_2(2)$.

Schritt 3: Weicht $k_2(2)$ stark von $k_2(1)$ ab ($|k_2(1) - k_2(2)| > \varepsilon$), setzt man $k_2(1)$ dem Wert von $k_2(2)$ gleich und beginnt wieder mit Schritt 1.
Andernfalls gilt das der magistralen Aussonderungsrate entsprechende k_2 als gefunden.

Die Tests haben gezeigt, daß bei Vorgabe realistischer Vorschriften zur Bestimmung von k_2 dieses Verfahren konvergiert.

Unter der Voraussetzung, daß die Grundfondseffektivität konstant bleibt, schreibt das Modell M 3 genau wie das Modell M 2 eine konstant bleibende Magistralsteuerung vor: konstante Bruttoinvestitionsrate, konstante Grundfondsaussonderungsrate und folglich auch eine konstante Nettoinvestitionsrate. Das ist nicht der Fall, wenn man die Grundfondseffektivität $a(t)$ als zeitabhängige Größe betrachtet. Die vorliegenden Untersuchungen betrafen den Fall, daß die Grundfondseffektivität der neueingeführten Fonds exponentiell wächst: $a(t) = a_0 e^{\alpha t}$ (vgl. die Ergebnisse der Analyse).

Bei exponentiell wachsender Grundfondseffektivität nähert sich die magistrale Bruttoinvestitionsrate asymptotisch dem Wert Null. Das bedeutet aber nicht, daß die absolute Menge der Bruttoinvestitionen gegen Null strebt. Im Gegenteil. Sie wächst exponentiell mit steigendem t. Die magistrale Aussonderungsrate strebt jedoch mit $t \to +\infty$ gegen $+\infty$. Damit werden die ökonomischen Anforderungen an eine magistrale Steuerung verletzt, da $\mu^M(t)$ nicht im ökonomisch zulässigen Bereich bleibt. Bei annähernd realistischen Werten ist das optimale Steigen der Aussonderungsrate jedoch sehr gering, da der Wert α sehr klein ist. Vorausgesetzt, man befindet sich auf der Magistrale, würde bei annähernd realistischen Werten und $\alpha = 1$ Prozent $\mu^M(t)$ erst nach etwa 60 bis 100 Jahren den Wert 1 annehmen.

Nun ist aber die Annahme einer ständig exponentiell wachsenden Grundfondseffektivität sicherlich nicht realistisch. Als allgemeine Schlußfolgerung bleibt jedoch für die Magistralsteuerung: Ist über einen längeren Zeitraum mit einer steigenden Effektivität der Neuinvestitionen zu rechnen, empfiehlt sich ein Anheben der Grundfondsaussonderungsrate, um beschleunigt für effektivere Grundfonds Platz zu schaffen, jedoch so, daß hierbei die Bruttoinvestitionsrate nicht steigt.[56]

Nachdem die magistralen Trajektorien des Modells hergeleitet sind, kann man sich wieder dem ursprünglichen Problem P 8 zuwenden. Die optimale Steuerung dieser Steueraufgabe wird nur innerhalb eines bestimmten Zeitabschnittes mit der ermittelten Magistralsteuerung übereinstimmen. Speziell am Anfang und am Ende des Planungszeitraums wird sich die optimale Steuerung entlang den Grenzen des vorgegebenen Steuerbereiches bewegen. Die Ermittlung der optimalen Anfangs- und Endsteuerung erweist sich jedoch bei P 8 wesentlich schwieriger als bei Problem P 5, da hier der Steuerbereich bestimmt wird durch die Restriktionen (6), (26), (29), (30) und (33). Speziell bei der Anwendung des Maximumprinzips wird man hier auf erhebliche Schwierigkeiten stoßen. Um P 8 zu lösen, erfolgt wiederum eine Variantenbetrachtung für die „Grenzsteuerung".

Neben der Magistralsteuerung gibt es noch vier Möglichkeiten der Steuerung, die zeitweilig die optimale Steuerung des Modells M 3 sein können:

1. Die Bruttoinvestitionsrate ist maximal, $s = \bar{s}$,
2. die Bruttoinvestitionsrate ist minimal, $s = \underline{s}$,
3. die Aussonderungsrate ist maximal, $\mu = \bar{\mu}$ und
4. die Aussonderungsrate ist minimal, $\mu = \underline{\mu}$.

Unter Berücksichtigung der Forderung

$$w(t_v) = w_v, \tag{41}$$

das heißt, die Arbeitsproduktivität w sei zum Zeitpunkt t_v gleich w_v, ist die Lösung des Systems (32), (33) für jede dieser vier Steuermöglichkeiten eindeutig.[57] Es interessiert nun der Verlauf der Trajektorien $w(t)$ und $\mu(t)$ bei konstantem s und der Verlauf von $w(t)$ und $s(t)$ bei konstantem μ. Hierzu sind zunächst folgende Funktionen zu definieren:

$w(t, \hat{s}, w_v, t_v)$ – Trajektorie der (durchschnittlichen) Arbeitsproduktivität, wenn die Bruttoinvestitionsrate gleich dem konstanten Wert $\hat{s}$ ist und die Arbeitsproduktivität zum Zeitpunkt t_v den Wert w_v annimmt.

Völlig analog ist jeweils die Definition der Funktionen

$w(t, \hat{\mu}, w_v, t_v)$,

$s(t, \hat{\mu}, w_v, t_v)$,

$\mu(t, \hat{s}, w_v, t_v)$.

Die analytischen Ausdrücke für diese Funktionen lassen sich aus dem System (32), (33) und (41) herleiten. Hierbei ist stets vorauszusetzen, daß die Grundfondseffektivität a = const. und der Faktor k_2 gleich 1 ist.

Aus dem System (32) und (33) lassen sich zunächst folgende zwei Differentialgleichungen herleiten, die die Abhängigkeit der Arbeitsproduktivität von der Bruttoinvestitionsrate zum einen und von der Aussonderungsrate zum anderen charakterisieren:

$$w'(t) = as(t)\left(1 - \frac{w(t)}{b(t)}\right) w(t), \tag{42}$$

$$w'(t) = [\eta + \mu(t)]\,[b(t) - w(t)]. \tag{43}$$

Ferner erhält man aus dem System (32), (33) und (41) folgende Integralgleichung, die die gegenseitige Abhängigkeit zwischen der Investitionsrate und der Aussonderungsrate unter der Bedingung (41) charakterisiert:

$$b_0 e^{\beta t}[\eta + \mu(t)] = as(t)\, w(t_v)\, e^{\int_{t_v}^{t} [as(\tau) - \mu(\tau) - \eta]\, d\tau} \tag{44}$$

Daß sich dieser Zusammenhang in Form einer Integralgleichung darstellt, war zu erwarten, da zum Zeitpunkt $t'\mu(t')$ nicht einfach von der Größe $s(t')$ abhängt, sondern vom gesamten Verlauf der Trajektorie $s(t)$ bis zum Zeitpunkt t' und umgekehrt.

Setzt man $s(t) \equiv \hat{s}$, erhält man unter Berücksichtigung der Bedingung (41) als Lösung der Differentialgleichung (42)

$$w(t, \hat{s}, w_v, t_v) = \left[\left(w_v^{-1} - \frac{a\hat{s}}{b(t_v)(a\hat{s} - \beta)}\right) e^{a\hat{s}(t_v - t)} + \frac{a\hat{s}}{b(t)(a\hat{s} - \beta)}\right]^{-1} \tag{45}$$

Bei $\mu(t) = \hat{\mu}$ erhält man entsprechend aus (43)

$$w(t, \hat{\mu}, w_v, t_v) = \left[w_v - \frac{\hat{\mu} + \eta}{\hat{\mu} + \eta + \beta} b(t_v)\right] e^{(\hat{\mu} + \eta)(t_v - t)} + \frac{\hat{\mu} + \eta}{\hat{\mu} + \eta + \beta} b(t). \tag{46}$$

Für $\mu(t) = \hat{\mu}$ oder $s(t) = \hat{s}$ läßt sich die Integralgleichung (44) jeweils entsprechend nach $s(t)$ und $\mu(t)$ lösen:[58]

$$s(t, \hat{\mu}, w_v, t_v) = \frac{\beta + \hat{\mu} + \eta}{\left[\frac{a(\beta + \hat{\mu} + \eta)\, w_v}{(\eta + \hat{\mu})\, b(t_v)} - a\right] e^{(\beta + \hat{\mu} + \eta)(t_v - t)} + a} \tag{47}$$

und

$$\mu(t, \hat{s}, w_v, t_v) = \frac{a\hat{s} - \beta}{\left[\left[\frac{b(t_v)(a\hat{s} - \beta)}{a\hat{s}w_v}\right] - 1\right] e^{(a\hat{s} - \beta)(t_v - t)} + 1} - \eta\,. \tag{48}$$

Zusammen mit der Kenntnis der Magistraltrajektorien (38), (39) und (40) verfügt man nun mit den Formeln (45) bis (48) über ein ausreichendes Instrumentarium, um das Problem P 8 zu lösen (mit a = const. und $k_2 = 1$). w^*, μ^*, s^* mögen die (optimalen) Lösungstrajektorien des Problems P 8 sein. Vor der Beschreibung des heuristischen Lösungsalgorithmus wird noch auf folgende Voraussetzungen hingewiesen, die in diesem Zusammenhang zulässig sind.

1. Das Problem P 8 ist lösbar.
2. $\underline{s} \leqq s^M \leqq \bar{s}$, $\underline{\mu} \leqq \mu^M \leqq \bar{\mu}$.
3. Die Magistrale $w^M(t)$ bildet einen Teil der (optimalen) Lösungstrajektorie $w^*(t)$.
4. $w^*(T) = \bar{w}$. Das gilt, wenn $\bar{w}$ nahe genug an der Magistrale liegt.
5. Im Zusammenhang mit der Voraussetzung ist unter allen zulässigen Steuerungen diejenige zu bevorzugen (optimal), bei der der Magistralabschnitt am längsten ist.[59]
6. Sowohl in der Anfangsphase (bis zum Erreichen der Magistrale) als auch in der Endphase (nach dem Verlassen der Magistrale) gibt es höchstens einen Wechsel (Schaltpunkt) zwischen den Steuermöglichkeiten $s = \bar{s}$ und $\mu = \bar{\mu}$ oder $s = \underline{s}$ und $\mu = \underline{\mu}$.

Die Voraussetzungen 4 bis 6 beruhen auf Erfahrungen bei den Testrechnungen. Außerdem ist Voraussetzung 6 auch mathematisch beweisbar.

Lösungsalgorithmus:

$s(t)$ wird hier als eigentlicher Steuerparameter betrachtet:

1. Anfangssteuerung.

Fall 1 $w_0 < w^M(0)$, $\mu(0, \bar{s}, w_0, 0) \leqq \bar{\mu}$.

Man bestimmt

t': $w(t', \bar{s}, w_0, 0) = w^M(t')$ und
t_1: $\mu(t_1, \bar{s}, w_0, 0) = \bar{\mu}$.

Wenn $t_1 \geqq t'$ beziehungsweise wenn kein $t_1 \geqq 0$ existiert, lautet die optimale Steuerung in der Anfangsphase

$$s^*(t) = \bar{s}, \qquad t \in [0, t'] .$$

Zum Zeitpunkt t' schaltet man $s^*(t) = s^M$.
Wenn $0 \leqq t_1 < t'$, so bestimmt man

$$t_2 : w(t_2, \bar{\mu}, w(t_1, \bar{s}, w_0, 0), t_1) = w^M(t_2) .$$

Die optimale Steuerung in der Anfangsphase lautet dann

$$s^*(t) = \bar{s}, \qquad t \in [0, t_1] ,$$
$$s^*(t) = s(t, \bar{\mu}, w(t_1, \bar{s}, w_0, 0), t_1) , \qquad t \in [t_1, t_2] .$$

Zum Zeitpunkt t_2 schaltet man $s^*(t) = s^M$.

Fall 2 $w_0 < w^M(0)$, $\quad \mu(0, \bar{s}, w_0, 0) > \bar{\mu}$.

Man bestimmt

$$t' : w(t', \bar{\mu}, w_0, 0) = w^M(t') \qquad \text{und}$$
$$t_1 : s(t_1, \bar{\mu}, w_0, 0) = \bar{s} .$$

Wenn $t_1 \geqq t'$ beziehungsweise wenn kein $t_1 \geqq 0$ existiert, so gilt

$$s^*(t) = s(t, \bar{\mu}, w_0, 0) , \qquad t \in [0, t'] .$$

Wenn $0 \leqq t_1 < t'$, so bestimmt man

$$t_2 : w(t_2, \bar{s}, w(t_1, \bar{\mu}, w_0, 0) , t_1) = w^M(t_2) ,$$

und es gilt

$$s^*(t) = s(t, \bar{\mu}, w_0, 0) , \qquad t \in [0, t_1]$$
$$s^*(t) = \bar{s}, \qquad t \in [t_1, t_2] .$$

Die Beschreibung der Fälle mit $w_0 \geqq w^M(0)$ wird hier erspart. Die Lösungen sind ganz analog, nur daß man in diesem Fall entweder mit $s = \underline{s}$ oder mit $\mu = \underline{\mu}$ auf die Magistrale zusteuert.

2. Steuerung in der Endphase:

Fall 1 $\bar{w} < w^M(T)$, $\quad \mu(T, \underline{s}, \bar{w}, T) > \underline{\mu}$.

Man bestimmt

$$t'' : w(t'', \underline{s}, \bar{w}, T) = w^M(t'') \qquad \text{und}$$
$$t_4 : \mu(t_4, \underline{s}, \bar{w}, T) = \underline{\mu}$$

Wenn $t_4 < t''$ beziehungsweise wenn kein $t_4 \leqq T$ existiert, so gilt

$$s^*(t) = \underline{s}, \qquad t \in [t'', T] .$$

Zum Zeitpunkt t'' verläßt man die Magistrale.
Wenn $T \geqq t_4 \geqq t''$, so bestimmt man

$$t_3: w(t_3, \underline{\mu}, w(t_4, \underline{s}, \bar{w}, T), t_4) = w^M(t_3),$$

und es gilt

$$s^*(t) = s(t, \underline{\mu}, w(t_4, \underline{s}, \bar{w}, T), t_4), \qquad t \in [t_3, t_4],$$
$$s^*(t) = \underline{s}, \qquad t \in (t_4, T].$$

Fall 2 $\bar{w} < w^M(T), \qquad \mu(T, \underline{s}, \bar{w}, T) \leqq \underline{\mu}.$

Man bestimmt

$$t'': w(t'', \underline{\mu}, \bar{w}, T) = w^M(t'') \qquad \text{und}$$
$$t_4: s(t_4, \underline{\mu}, \bar{w}, T) = \underline{s}.$$

Wenn $t_4 < t''$ beziehungsweise wenn kein $t_4 \leqq T$ existiert, so gilt

$$s^*(t) = s(t, \underline{\mu}, \bar{w}, T), \qquad t \in [t'', T].$$

Wenn $t'' \leqq t_4 \leqq T$, so bestimmt man

$$t_3: w(t_3, \underline{s}, w(t_4, \underline{\mu}, \bar{w}, T), t_4) = w^M(t_3),$$

und es gilt

$$s^*(t) = \underline{s}, \qquad t \in [t_3, t_4],$$
$$s^*(t) = s(t, \underline{\mu}, \bar{w}, T), \qquad t \in [t_4, T].$$

Die Fälle für $\bar{w} \geqq w^M(T)$ sind analog. Auf sie wird hier nicht eingegangen.

Auf Grund des folgenden Datensatzes wurde unter anderem eine Testrechnung durchgeführt:

$T = 20$,	$b_0 = 1$,	$\underline{s} = 0{,}15$,	$\bar{\mu} = 0{,}07$,
$\delta = 0{,}05$,	$\eta = 0{,}02$,	$\bar{s} = 0{,}35$,	$w_0 = 0{,}6$,
$\beta = 0{,}03$,	$a = 0{,}4$,	$\underline{\mu} = 0{,}021$,	$\bar{w} = 1{,}2$.

Für die optimale Trajektorie der durchschnittlichen Arbeitsproduktivität ergab sich ein Zustand entsprechend Abbildung 9.

Die Schaltpunkte befanden sich in folgenden Jahren: t_1 im Jahre 3, t_2 im Jahre 9, t_3 im Jahre 14 und t_4 im Jahre 16. Die Trajektorie der optimalen Bruttoinvestitionsrate hatte einen Verlauf, wie Abbildung 10 zeigt.

Die Trajektorie der optimalen Aussonderungsrate ist aus Abbildung 11 zu ersehen.

Wie aus den Abbildungen 9 bis 11 ersichtlich ist, beinhaltet die optimale Steuerung Sprungstellen, die in dieser Form ökonomisch offensichtlich nicht zu realisieren sind. Das gilt auch für M 2. Tatsächlich ist der nichtmagistrale Lösungsteil

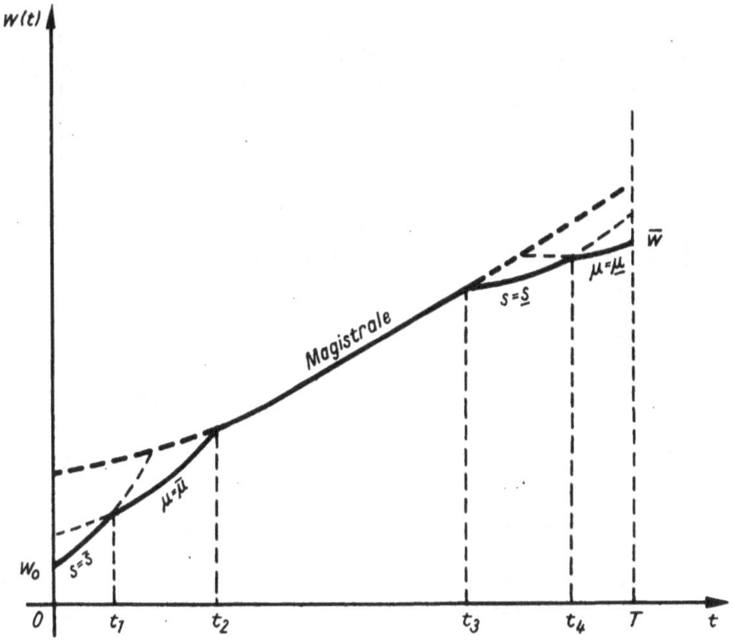

Abbildung 9: Optimale Trajektorie der Arbeitsproduktivität

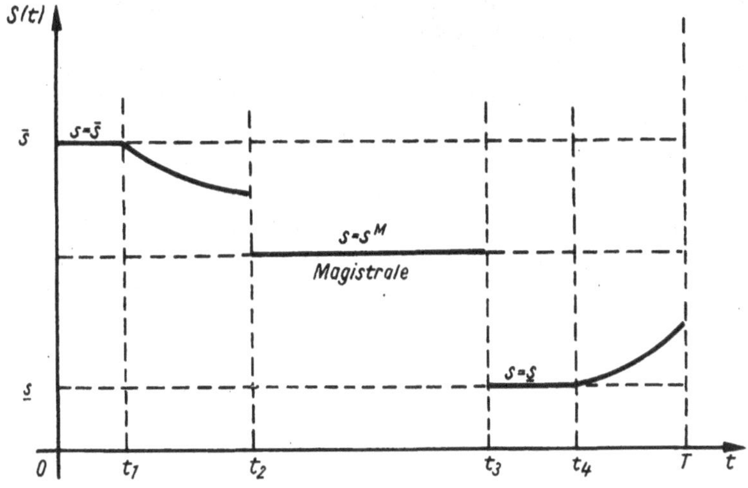

Abbildung 10: Trajektorie der optimalen Investitionsrate

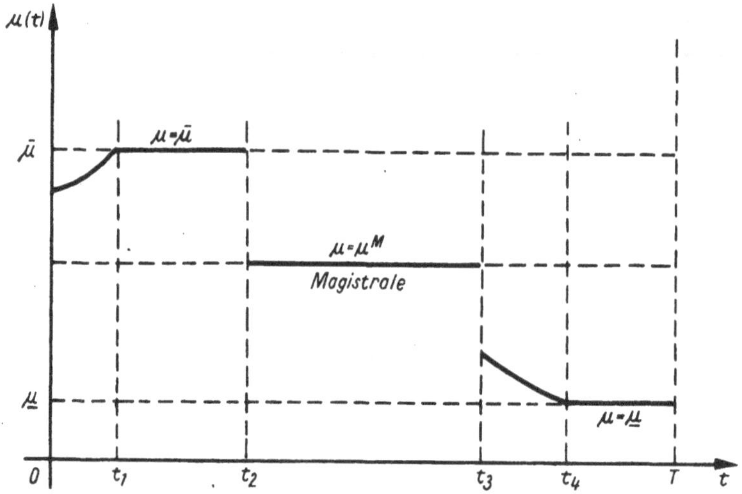

Abbildung 11: Trajektorie der optimalen Aussonderungsrate

der Steueraufgabe aus ökonomischer Sicht nur von relativ geringer Aussagekraft. Was als Erkenntnis aus den Modellrechnungen bleibt, ist die Empfehlung, geeignete Maßnahmen zu ergreifen, um die wirtschaftliche Entwicklung so schnell wie möglich auf die Magistrale zu lenken. Hierzu muß die Akkumulationsrate in Übereinstimmung mit diesem Modell entweder maximal oder minimal sein. Eine Antwort auf die Frage, wie hoch oder wie niedrig zu jedem Zeitpunkt der Anfangsphase oder auch der Endphase im Extremfall die Akkumulationsrate sein darf, können Modelle des Typs M 2 oder M 3 nicht geben, da dies von einer Vielzahl ökonomischer, sozialer und politischer Faktoren abhängt, die in den Elementen des Modells keine Entsprechung haben. Die Informationen über die Magistrale sind das eigentliche wertvolle Resultat solcher Modelle.

Abschließend ist festzustellen, daß solche Modelle zweifellos als Denkmodelle eine eigenständige und nicht zu unterschätzende Bedeutung haben, denn die komplizierten dynamischen wirtschaftlichen Zusammenhänge können überhaupt nicht anders als mit Hilfe mathematischer Modelle beschrieben und analysiert werden. Um solche Modelle für die Planungspraxis nutzen zu können, müssen sie allerdings noch entscheidend verbessert und weiterentwickelt werden.

4. *Schlußbemerkungen*

Der Schwerpunkt der weiteren Arbeit auf diesem Gebiet sollte auch weiterhin auf der qualitativen Analyse von Modellen der erweiterten Reproduktion liegen. Größeres Augenmerk muß auf die Problematik der Anwendung gesellschaftlicher Nutzensfunktionen gerichtet werden, da diese zur Abbildung des gesellschaftlichen Präferenzverhaltens zweifellos besser geeignet sind als die kumulative Konsumtion. Ferner sollten mehrsektorale Modelle analysiert werden, zunächst zweisektorale, die dem Marxschen Reproduktionsschema entsprechen, und dreisektorale. Hierbei ist die Anwendung sowohl von limitationalen als auch von substitutionalen Produktionsfunktionen von Interesse. Ein weiterer Aspekt der Untersuchungen wird der Einfluß von Zeitverzögerungen bei der Investitionswirkung auf die Lösungstrajektorien sein. Ein wichtiger Gegenstand der gesamten Forschung auf diesem Gebiet werden die Bedingungen für die Existenz von Magistralen bei linearen und nichtlinearen mehrsektoralen Reproduktionsmodellen sein.

Für eine quantitative Analyse liegen die Hauptschwierigkeiten nicht so sehr bei der Modellierung der Produktionsseite, sondern mehr bei der Abbildung des sozialistischen Zielkriteriums. Das Präferenzverhalten der sozialistischen Gesellschaft als Gesamtheit ist letztlich das Kriterium für eine optimale Investitionspolitik. In einer ersten Phase könnte man auf Grund von Rechnungen mit konkreten Zahlen zu gewissen relativen Aussagen über das optimale Wachstum unterschiedlicher Abteilungen und Sektoren gelangen.

5. *Anmerkungen*

1 Ausgehend von der wachsenden Bedeutung der Aufwendungen für Wissenschaft und Bildung, schlagen einige Ökonomen vor, den Akkumulationsbegriff zu erweitern und all diese Aufwendungen in die produktive Akkumulation einzubeziehen. Im folgenden wird immer von der in der Planung und Statistik üblichen Kennziffer ausgegangen und die produktive Akkumulation als derjenige Teil des produzierten Mehrprodukts betrachtet, der für die Erweiterung und Vervollkommnung der materiellen Elemente des Reproduktionsprozesses bestimmt ist.

2 Aus dem Bericht des Politbüros an die 13. Tagung des ZK der SED, Berichterstatter: Erich Honecker, Berlin 1974, S. 25.

3 Karl Marx, Grundrisse der Kritik der politischen Ökonomie, Berlin 1953, S. 599.

4 In den bisher in den RGW-Ländern entwickelten Strukturmodellen enthält der Konsumtionsvektor meist nur die individuelle Konsumtion in Form von Konsumgütern (Warenfonds), die Investitionen in den nichtproduzierenden Bereichen und, schon mit Abstrichen, die gesellschaftliche Konsumtion sowie verschiedene Reserven und Bestandsveränderungen.

5 Vgl. Hans-Dieter Anders/Hans Schilar/Kunibert Schwarz, Zum Bewertungsproblem im Sozialismus, Berlin 1974 (Forschungsberichte des Zentralinstitutes für Wirtschaftswissenschaften der Akademie der Wissenschaften der DDR, Nr. 12).

6 Unter ökonometrischen Modellen sind hier ausschließlich Systeme von Regressions- und Definitionsgleichungen zu verstehen.

7 Vgl. dazu Konferenzbericht: Zweites Internationales Symposium über die Anwendung von Prognosemodellen in der sozialistischen Wirtschaft, in: Wirtschaftswissenschaft, 4/1975, S. 600—604.

8 Beispiele dafür sind zu finden in: B. N. Michalevskij, Sistema modelej srednesročnogo narodnochozjajstvennogo planirovanija, Moskva 1972, S. 95—128, und S. Gómulka, Die Bewegungsgleichung für den Kapitalkoeffizienten und das Problem der optimalen Steuerung, in: Ekonomista (Warszawa), 4/1966, 791—834.

9 Vgl. G. A. Feldman, Zur Wachstumstheorie des Nationaleinkommens, Berlin 1969.

10 Ebenda, S. 29.

11 Vgl. S. G. Strumilin, Zum Problem optimaler Proportionen, in: Sowjetwissenschaft. Gesellschaftswissenschaftliche Beiträge, 11/1962, S. 1220—1237, und A. I. Notkin, Tempo und Optimum der produktiven Akkumulation und der Konsumtion in den sozialistischen Ländern, in: Sowjetwissenschaft. Gesellschaftswissenschaftliche Beiträge, 12/1964, S. 1241—1257.

12 Vgl. W. S. Nemtschinow, Ökonomisch-mathematische Methoden und Modelle, Berlin 1965, S. 159—163.

13 Vgl. Ju. S. Archangel'skij/V. A. Konoplickij, Einige Modelle der Akkumulation und Konsumtion und ihre Analyse, in: Vestnik moskovskogo universiteta (Moskva), 2/1967.

14 Vgl. zum Beispiel: Herbert Meißner, Theorie des Wirtschaftswachstums, Berlin 1972 (Zur Kritik der bürgerlichen Ideologie, 20), und Z. V. Sokolinskij, Teorija nakoplenija, Moskva 1973.

15 Vgl. Roy F. Harrod, Towards a Dynamic Economics, London 1948.

16 Darüber hinaus sind auch andere Vorstellungen über die Struktur und die Funktionsweise eines solchen Modellsystems entwickelt worden. — Vgl. zum Beispiel: B. N. Michalevskij, Sistema modelej srednesročnogo narodnochozjajstvennogo planirovanija, Moskva 1972, S. 219–235.

17 Zu diesem Ergebnis kommen auch Bagrinovskij und Borngräber. So schreibt Bagrinovskij im Zusammenhang mit der Analyse hochaggregierter dynamischer Verflechtungsmodelle: „Die Aufgabenstellung, optimale Verflechtungsbilanzsysteme zu finden, ist streng genommen nicht hinreichend, da die Ressourcenbeschränkungen, denen die gesuchten Größen unterliegen, nicht berücksichtigt werden. Die wichtigste dieser Beschränkungen ist offensichtlich die Arbeitskräfterestriktion zum gegebenen Zeitpunkt." — Vgl. K. A. Bagrinovskij, Über glatte Lösungen einiger Planaufgaben, in: Problemy narodnochozjajstvennogo optimuma, Redaktion: A. G. Aganbegjan/K. K. Val'tuch, Moskva 1969, S. 324.

18 Vgl. V. S. Dadajan, Das wirtschaftsmathematische Modell als Instrument für die langfristige Prognostizierung der Volkswirtschaftsentwicklung, in: Voprosy ėkonomiki, 9/1971, S. 48—60; vgl. Modelirovanie narodnochozjajstvennych processov, Redaktion: V. S. Dadajan, Moskva 1973, Kapitel 10.

19 Vgl. Ernst-Egon Borngräber, Zur Anwendung von Steuerfunktionen bei Simulationsrechnungen mit einsektoralen Prognosemodellen, in: Wirtschaftswissenschaft, 9/1971, S. 207—217; vgl. E.-E. Borngräber, Über Steuerfunktionen in makroökonomischen Modellen, in: K. A. Bagrinowsky/E.-E. Borngräber/W. F. Pugatschow, Die Optimierung von Modellen der Volkswirtschaft, Berlin 1972, S. 7—18 (Ökonomisches Forschungsinstitut der Staatlichen Plankommission, Volkswirtschaftsplanung — Beiträge zur Theorie und Praxis, 1/1972).

20 Vgl. K. A. Bagrinovskij, Über die glatten Lösungen von bestimmten Planungsaufgaben, in: Problemy narodnochozjajstvennogo optimuma, Redaktion: A. G. Aganbegjan/K. K. Val'tuch, Moskva 1969; vgl. K. A. Bagrinowsky, Einige Fragen der Optimierung dynamischer Verflechtungsmodelle und die Theorie der glatten Lösungen, in: K. A. Bagrinowsky/E.-E. Borngräber/W. F. Pugatschow, Die Optimierung von Modellen der Volkswirtschaft, Berlin 1972, S. 7—18 (Ökonomisches Forschungsinstitut der Staatlichen Plankommission, Volkswirtschaftsplanung — Beiträge zur Theorie und Praxis, 1/1972).

21 In den hier zitierten Arbeiten traten die entsprechenden Gleichungen oft in etwas modifizierter Form auf, da die verschiedenen Autoren zum Teil weitere Aspekte der Reproduktion berücksichtigen, zum Beispiel verschiedene Investitionstechnologien.

22 Vgl. zum Beispiel: A. R. Bergstrom, The construction and use of economic models, London 1967.

23 Vgl. V. F. Pugačov, Optimizacija planirovanija, Moskva 1968, und K. K. Val'tuch, Udovletvorenie potrebnostej obščestva i modelirovanija narodnogo chozjajstva, Novosibirsk 1973, Abschnitt 3.

24 Dieser Vektor enthält bei dem gebräuchlichen Modell der dynamischen Verflechtungsbilanz auch die Amortisationsmittel. Es wird hier davon ausgegangen, daß die Amortisationsmittelaufwendungen zusammen mit den direkten Aufwendungen berücksichtigt werden.

25 Vgl. Bärbel Biersack, Ein dynamisches hochaggregiertes Modell der Volkswirtschaft zur Bestimmung der Zeit- und Zweigstruktur der Investitionen, in: Wirtschaftswissenschaft, 4/1968, S. 569—580, und Bärbel Biersack, Dynamisches Modell zur Prognostizierung materieller Grundproportionen, Berlin 1971, (Ökonomisches Forschungsinstitut der Staatlichen Plankommission, Volkswirtschaftsplanung — Beiträge zur Theorie und Praxis, 2/1971).

26 Die Autoren sind bestrebt, solche Steuerparameter zu verwenden, für die es unter Umständen sinnvoll ist, sie als konstant (konstante Funktion) zu betrachten. Das vereinfacht außerordentlich die Testrechnung. In dem zuvor dargestellten Fall sind zwar $\bar{I}^N_{it}$ und u_{it} gleichwertige Steuerparameter, im Gegensatz zu u_{it} ist es jedoch für $\bar{I}^N_{it}$ nicht sinnvoll im Rahmen einer Testrechnung einen konstanten Wert anzunehmen.

27 Der hier diskutierte Modellansatz eignet sich analog auch zur Beantwortung der Frage, wie das Endprodukt auf Konsumtions- und Bruttoinvestitionsfonds aufgeteilt werden soll.

28 Vgl. von K. K. Val'tuch folgende Arbeiten: Probleme der Optimierung der Akkumulation, in: Problemy narodnochozjajstvennogo optimuma, Novosibirsk 1966, Probleme der Optimierung der Akkumulation, in: Problemy narodnochozjajstvennogo optimuma, Redaktion: A. G. Aganbegjan/K. K. Val'tuch, Moskva 1969, S. 98—234; Die Ermittlung des optimalen Verhältnisses zwischen Konsumtion und produktiver Akkumulation, in: Problemy modelirovanija narodnogo chozjajstva, Teil 1, Redaktion: K. A. Bagrinovskij/V. N. Bogačev/K. K. Val'tuch, Novosibirsk 1970, S. 14—76; Experimentelle Bestimmung der optimalen Akkumulationsrate, in: Ėkonomika i matematičeskie metody (Moskva), 3/1971, S. 356—368; Udovletvorenie potrebnostej obščestva i modelirovanija narodnogo chozjajstva, Novosibirsk 1973, Abschnitt 3, und K. K. Waltuch, Die Ermittlung des optimalenVerhältnisses zwischen Konsumtion und produktiver Akkumulation, in: Gesellschaftlicher Wohlstand und Volkswirtschaftsplanung, Hg. A. G. Aganbegjan/K. K. Waltuch, Berlin 1972, S. 112—163.

29 Unter Akkumulation ist hier im folgenden in Anlehnung an Val'tuch immer die produktive Akkumulation zu verstehen.

30 Dabei ist jedoch zu beachten, daß dieser Variante, die ja nur als Grundlage für den Vergleich mit anderen Varianten dient, im Modell kein endlicher Zahlenwert für die Akkumulationseffektivität zugeordnet werden kann.

31 Vgl. N. N. Rogožnikova, Einige Probleme der Stabilität der optimalen Akkumulationsrate, in: Nekotorye voprosy ustojčivosti optimal'noi normy nakoplenija, Novosibirsk 1974, S. 160.

32 K. K. Val'tuch, Experimentelle Bestimmung der optimalen Akkumulationsrate, in: Ėkonomika i matematičeskie metody (Moskva), 3/1971, S. 365.

33 K. K. Val'tuch, Udovletvorenie potrebnostej obščestva i modelirovanie narodnogo chozjajstva, Novosibirsk 1973, S. 207.

34 Vgl. ebenda, S. 21.

35 Vgl. dazu auch die sowjetische Rezension zu: K. K. Val'tuch, Udovletvorenie potrebnostej obščestva i modelirovanie narodnogo chozjajstva, Novosibirsk 1973, in: Ėkonomika i matematičeskie metody (Moskva), 5/1974, S. 1038—1044.

36 Die Grenzeffektivität der Investitionen ist definiert als Zuwachs des Produktionsausstoßes je Einheit zusätzlicher Investitionen in Abhängigkeit vom Investitionsumfang.

37 Die notwendige Voraussetzung dafür, daß die Funktion $y(x)$ das Integral

$$I = \int_{x_1}^{x_2} F[y(x), y'(x), x] \, dx$$

maximiert oder minimiert,
ist die Erfüllung der Euler-Lagrange-Differentialgleichung

$$\frac{d}{dx} \frac{\partial F}{\partial y} - \frac{\partial F}{\partial y} = 0 .$$

38 Unter diesem Gesichtspunkt sind auch die optimalen Lösungen der in den nächsten Punkten angeführten Magistralmodelle zu betrachten.

39 Borngräber gibt eine 2-parametrige Steuerfunktion an, die aus der Tangens-hyperbolicus-Funktion aufgebaut wird.

40 Vgl. unter anderem bei K. A. Bagrinovskij, Über die glatten Lösungen von bestimmten Planungsaufgaben, in: Problemy narodnochozjajstvennogo optimuma, Redaktion: A. G. Aganbegjan/K. K. Val'tuch, Moskva 1969, S. 317.

41 Die zusätzliche Anfangsbedingung $W'(0) = W^0$ bedeutet, daß auch der Anstieg von $W(t)$ im Punkt 0 vorgegeben wird. Die Notwendigkeit der Vorgabe von zwei Randbedingungen ergibt sich daraus, daß man bei diesem Problem eine zweiparametrige Lösungsfunktion der Euler-Lagrange-Differentialgleichung erhält.

42 Vgl. zum Beispiel: V. L. Makarov/A. M. Rubinov, Matematičeskaja teorija ėkonomičeskoj dinamiki i ravnovesija, Moskva 1973; B. S. Mitjagin, Anmerkungen zur mathematischen Ökonomie, in: Uspechi matematičeskich nauk (Moskva), 3/1972, S. 3—18, und Hukukane Nikaido, Convex Structures and Economic Theory, New York-London 1968. — Die letztgenannte Arbeit liegt auch in russischer Übersetzung vor.

43 Robert Dorfman/Paul A. Samuelson/Robert M. Solow, Linear Programming an Economic Analysis, New York 1958, Kapitel 12.

44 Da die dynamische Verflechtungsbilanz im Prinzip als Spezialfall des Neumannschen Modells betrachtet werden kann (im Neumannschen Modell gibt es allerdings im Unterschied zum Leontief-Schema keine Unterscheidung zwischen Material- und Investitionsaufwendungen), könnte die Frage auftauchen, wieso das Neumannsche Modell über Magistralcharakter verfügt, während Optimierungsvarianten der dynamischen Verflechtungsbilanz zu einfachen, ökonomisch unakzeptablen Relaislösungen führen. Die Ursache liegt darin, daß man, soll der Magistralcharakter des Neumannschen Modells bewiesen werden, von Voraussetzungen ausgehen muß, die sich für die übliche dynamische Verflechtungsbilanz nicht erfüllen. Unter anderem muß mit jeder Technologie ein Produkt hergestellt werden, das als notwendige Aufwendung in einer anderen Technologie beziehungsweise einem anderen Bereich dient. Nahrungsmittel erscheinen beispielsweise als Ausgangsmaterial zur „Produktion von Arbeitskraft". Im Neumannschen Modell werden somit Arbeitskräfte mit Maschinen oder Arbeitsvieh gleichgesetzt. Da dieses Modell in seiner ursprünglichen Form auch den technischen Fortschritt nicht berücksichtigt, ist es allenfalls geeignet, die erste Phase eines sich unter optimalen Bedingungen entwickelnden Ameisenstaates abzubilden.

Würde man in der dynamischen Verflechtungsbilanz mit Hilfe spezieller Sektoren die Entwicklung des Arbeitskräftepotentials ebenfalls wie die Produktion von Arbeitsvieh abbilden, würden die entsprechenden Optimierungsvarianten über Magistralcharakter verfügen. Allerdings könnte hier nicht mehr die Maximierung der Wohlfahrt, sondern nur noch das schnellstmögliche Wachstum als Zielstellung dienen.

45 Vgl. L. I. Lopatnikow, Schlag nach. Mathematisch-ökonomische Methoden, Berlin 1975, S. 107.

46 Modelle dieses Typs finden auch in der sowjetischen Literatur zunehmend Beachtung. Sie laufen dort meist unter der Bezeichnung „Wachstumsmodelle". — Vgl. zum Beispiel: Modelirovanie narodnochozjajstvennych processov, Redaktion: V. S. Dadajan, Moskva 1973, S. 442 bis 476.

47 Es wird davon ausgegangen, daß das Arbeitskräftepotential proportional der Bevölkerungszahl ist.

48 Die Tatsache, daß sich in der Euler-Lagrange-Differentialgleichung alle Ableitungen gegenseitig aufheben, wodurch man eine eindeutige Lösung ohne Parameter erhält, ist eine notwendige Voraussetzung, um auf diese relativ einfache Weise überhaupt die Magistrale bestimmen zu können.

49 Die folgenden Werte für t_v wurden durch Lösen der entsprechenden Optimierungsprobleme unter Benutzung der Formel (23) ermittelt.

50 Es handelt sich um eine Bernoullische Differentialgleichung. Sie wird gelöst mit Hilfe der Substitution $g = z^{1/1-\alpha}$. C ist hier eine beliebige Konstante.

51 Vgl. L. V. Kantorovič, Ėkonomičeskij prasčet najlučšego ispol'zovanija resursov, Moskva 1960, S. 99—131.

52 Die Freizeit wird hier als exogen vorgegeben und nicht als bewertetes Konsumgut betrachtet.

53 Diese Voraussetzung ist ökonomisch sinnvoll und ein Vorteil des Modells M 3 gegenüber M 1 und M 2.

54 Hierbei ist natürlich die Möglichkeit der Konstanz und des Sinkens des Arbeitskräftepotentials eingeschlossen.

55 Für die Analyse des Modells mit zeitabhängiger Grundfondseffektivität $a(t)$ wäre korrekterweise die Berücksichtigung eines variablen Faktors k_1 (vgl. S. 32) notwendig. k_1 wird hier vernachlässigt, da das Hauptaugenmerk dem Fall a = const. gilt und dadurch die qualitativen Aussagen nicht berührt werden.

56 Eine wachsende Aussonderungsrate und eine gleichzeitig fallende Investitionsrate ist möglich, wenn die Effektivität der Neuinvestitionen exponentiell wächst.

57 Die Systeme (32) und (33) haben einen Freiheitsgrad.

58 Die Herleitungen sind relativ umfangreich und können hier deshalb nicht gebracht werden.

59 Die Ausnutzung dieser Hypothese kann als Magistralprinzip bezeichnet werden.

Bisher erschienene Forschungsberichte

Heft 1

W. Keller/E. Kigyóssy-Schmidt

Hauptkennziffern der wirtschaftlichen Entwicklung der europäischen RGW-Länder 1960—1975

Heft 2

Autorenkollektiv

Zur Modellierung des volkswirtschaftlichen Reproduktionsprozesses

Heft 3

Autorenkollektiv

Probleme der Proportionalität zwischen gesellschaftlichem Arbeitsvermögen und Arbeitsplätzen

Heft 4

Autorenkollektiv

Ungarische Modelle der langfristigen Planung

Heft 5

Autorenkollektiv

Zur Reproduktion des Qualifikationsniveaus der Werktätigen

Heft 6

Autorenkollektiv

Probleme der Intensivierung des gesellschaftlichen Reproduktionsprozesses

Heft 7

A. P. Butenko

Zur Dialektik von Einheit und Interessen im sozialistischen Weltsystem

Heft 8

Autorenkollektiv

Reproduktion der natürlichen Umweltbedingungen

Heft 9

U. Ludwig

Aufwand—Nutzen—Analysen in Forschung und Entwicklung

Heft 10

G. Knobloch

Bedürfnisbefriedigung — Reproduktionsstruktur — Grundproportionen

Heft 11

Autorenkollektiv

Zur Entwicklung der Verteilungsstrukturen der Investitionen auf die Bereiche und Zweige der Volkswirtschaft

Heft 12

H.-D. Anders/H. Schilar/K. Schwarz

Zum Bewertungsproblem im Sozialismus

Heft 13

Autorenkollektiv

Zur Kritik gegenwärtiger bürgerlicher sozialökonomischer Theorien (Konferenzmaterial)

Heft 14

R. Schaefer/J. Wahse

Bestimmung der zukünftigen Qualifikationsstruktur der Arbeitskräfte mit Hilfe eines Regressionsmodells

Heft 15

Wachstum — Effektivität — Intensivierung (Konferenzmaterial)

Heft 16

Autorenkollektiv

Intensiv erweiterte Reproduktion und Sozialismus

Heft 17

H.-D. Haustein

Messung der volkswirtschaftlichen Intensivierung — Zur Methodologie —

Heft 18

Autorenkollektiv

Aktuelle Bedeutung der Marxschen Randglossen zum Gothaer Programm

Heft 19

H.-D. Anders/K. Schwarz

Modelle zur Ermittlung eines optimalen Verhältnisses von Akkumulation und Konsumtion

In Vorbereitung befinden sich:

G. Kraft
Zusammenarbeit der RGW-Länder auf dem Gebiet der Investitionen

M. Wölfling
Ein ökonometrisches Modell der Volkswirtschaft der DDR

E. Domin/S. Maier
Faktorenanalyse der Arbeitsproduktivität

Kolibri 360 GmbH
Ferdinand-Jühlke-Straße 7
99095 Erfurt, Deutschland
produktsicherheit@kolibri360.de